档案管理原理与方法探析

冷雪英　刘晓娟　曹甜甜◎著

经济日报出版社

北　京

图书在版编目（CIP）数据

档案管理原理与方法探析 / 冷雪英，刘晓娟，曹甜
甜著 . -- 北京：经济日报出版社，2024. 11.
ISBN 978-7-5196-1524-6

Ⅰ. G271

中国国家版本馆 CIP 数据核字第 2024Z37F97 号

档案管理原理与方法探析

DANG'AN GUANLI YUANLI YU FANGFA TANXI

冷雪英　刘晓娟　曹甜甜　著

出　　版：经济日报出版社

地　　址：北京市西城区白纸坊东街 2 号院 6 号楼 710（邮编 100054）

经　　销：全国新华书店

印　　刷：北京文昌阁彩色印刷有限责任公司

开　　本：710mm×1000mm　1/16

印　　张：13.25

字　　数：223 千字

版　　次：2024 年 11 月第 1 版

印　　次：2024 年 11 月第 1 次印刷

定　　价：58.00 元

本社网址：www.edpbook.com.cn，微信公众号：经济日报出版社

本社法律顾问：北京天驰君泰律师事务所，张杰律师 举报信箱：zhangjie@ tiantailaw.com

举报电话：010-63567684

本书如有印装质量问题，请与本社总编室联系，联系电话：010-63567684

前　言

　　人类社会信息化的进程以及我国不断推进的经济体制改革深刻地影响着档案事业和档案学的发展，随着档案学研究领域的开阔与多学科化，研究内容的丰富与深化，研究方法的娴熟与多样化，我国档案学术研究的氛围日益活跃，一代学人正在成长。如果把档案学比作学术之林中的一棵大树，那它不仅在传统档案学理论的变革和完善过程中新花绽放，在充满时代气息的档案信息化、电子信息等新领域也枝繁叶茂，硕果累累。

　　本书是档案管理方向的著作，主要研究档案管理基础理论与方法。本书从档案管理工作认知介绍入手，针对档案的定义与作用、档案工作的内容和原则、组织与制度建设、档案管理工作的发展趋势作了简要说明；阐释了现代档案管理理论，并对档案的收集与整理、鉴定与保管、检索与编研、利用与统计以及研究对象等主要内容进行了分析，探讨专门档案的管理工作；再从物理管理方向切入，对档案管理中的保护措施与修复技术作了研究；最后基于现代化信息技术，对档案管理信息化建设与探索提出了一些建议。本书对档案管理的应用创新有一定的借鉴意义。

　　为提高学术性和严谨性，本书在撰写过程中参考了相关文献资料，借鉴、引用了诸多专家、学者和教师的研究成果，其主要来源已在参考文献中列出，如有个别遗漏，请作者谅解并及时和我们联系。在编写本书的过程中得到了很多专家学者的支持和帮助，在此深表谢意。由于编者能力有限，时间仓促，虽经多次修改，仍难免有不妥与纰漏之处，恳请专家和读者指正。

冷雪英　刘晓娟　曹甜甜

2023 年 12 月

目　录

第一章　档案管理工作认知

第一节　档案的定义与作用

一、档案的定义

根据《中华人民共和国档案法》及档案工作者的长期实践经验，档案界对档案定义进行了多次讨论，综合各方面的意见，对档案的定义表述如下：

档案是过去和现在的国家机构、社会组织以及个人从事政治、军事、经济、科学、技术、文化、宗教等活动直接形成的对国家和社会有保存价值的各种文字、图表、声像等不同形式的历史记录。

这一定义的基本含义有以下几点。

（一）档案来源的广泛性

档案是各机关、社会组织和个人在其自身活动中形成的。档案的形成者大致可以概括为三种类型：一是官方性质的各种机关；二是半官方或非官方的各种社会组织（社会团体、公司等）；三是一定的个人（著名人物、著名家庭和家族）。这三种类型的形成者，既包括法律意义上的法人，也包括自然人。

档案又来源于形成者特定的实践活动。国家机关、社会组织和个人，在其实践活动中，为了相互交往，上传下达和记录事情，必然产生和使用许多文件。日后经过整理保存起来，就成为档案。丰富的社会实践活动决定了档案来源和内容的广泛性，一定来源和内容的档案又具有内在的联系性。

（二）档案是由文件材料有条件地转化而来的

档案和文件既有密切联系，又有区别。档案的前身——各种文件材料是由一定的国家机关、社会组织或个人为了处理现实事务的需要而产生的，有些文件材料日后还须查考，因此被有意识有目的地保存下来，转化成了档案。

文件转化为档案一般要具备三个条件。

第一，办理完毕的文件资料才能作为档案保存，正在承办中的文件不是档案。文件是档案的前身，档案是文件的归宿，两者互为依存。文件具有现行效用，档案一般来说是完成了传达和记述等现行使命而备留查考的文件。所谓办理完毕是相对而言的，主要是指完成了文书处理程序，不能理解为一切文件都要把文中所说的事情全部办完才算"办理完毕"，而是指文件的承办告一段落。日常工作中，有三种情况，第一种是文件中所说的事情需要近期办理的，很快就办理完毕。第二种是文件中所指的事情需要较长时间才能办完或者需要长期执行的，只要将文件经过签收、传阅、研究讨论和贯彻之后，也算办理完毕。第三种是不需要具体承办的文件，只要收发、圈阅等文书处理手续结束，就算办理完毕。还应指出，文件办理完毕或者转化为档案后，也并非完全失效。归档以后的文件，按其行政和法律效用来说，一部分是失效的，另一部分是仍然有效的。比如，宪法早已归档转化为档案了，但仍具有法律效用。有的条约和契约合同，有效期是十年甚至几十年，虽然归档了，也具备效用。

第二，对日后实际工作和科学研究等活动有一定查考利用价值的文件，才有必要作为档案保存。工作中形成的文件不能都作为档案保存，只有对日后有查考价值的文件材料，才能保存下来转化为档案。档案是经过人们鉴别挑选保留下来的文件材料。文件是形成档案的基础，档案是文件的精华，文件概不归档是不对的，"有文必档"也是不必要的。

第三，按照一定的规律集中保存起来，才能最后成为档案。以现代的一般档案来说，它是经过分类整理从而集中保存起来的文件。文件是档案的因素，档案是文件的组合。

明确认识文件转化为档案的条件，就可以弄清档案与文件之间的区别和联系，就会懂得档案的客观形成规律，有助于学会完整地收集档案，科学地鉴定档案的保存价值，自觉地做好档案工作。

（三）档案的形式是多种多样的

任何档案都以一定的物质形式存在和运动，长期的社会实践使档案的形式不断发展和变化，丰富多彩。①从载体材料上来看，有龟甲兽骨、竹片木板、丝织缣帛、纸张、磁带、磁盘、光盘、胶片等；②从信息记录的方法上来看，有手写、刀刻、印刷、晒制、摄影、录音、录像等；③从表达方式上来看，可归纳为文字、图像、声音等。档案的范围十分广泛，既包括党政机关的公务文件，还包括技术图纸、会计凭证、科学材料、影片、照片、录音带、录像带等。

由于科学技术的不断发展，档案的形式还会更加丰富多彩。

（四）档案的本质属性

档案是人们社会实践活动的原始记录，原始记录性是档案最本质的属性。主要表现在档案是形成者在自身的职能活动中形成的各种文件材料转化来的，不是事后另行编写和随意收集的间接材料。它具有记录和反映机关、组织和著名人物活动的原始性品格，是历史的真迹和凭证，有着重要的查考使用价值。这也是档案区别于图书资料的主要特点之一。因此，作为档案保存的文件，大多是原本、原稿，而且往往只有一份，这又是档案宝贵的重要原因之一。

了解档案的定义及其含义，可以帮助我们更好地认识档案的特点，弄清什么是档案，明确档案的本质属性和范围，掌握档案的一般形成规律，从而科学地管理档案，维护历史真迹，充分发挥档案在工作中的重要作用。

二、档案凭证作用和参考作用

（一）档案的凭证作用

档案是历史的真凭实据，具有一定的法律效用，可作凭证。档案之所以具有凭证作用，是由档案的形成规律及其本身的特点所决定的。

从档案的形成过程看，它是由当时直接使用的文件转化而来的，记录了当时的原始情况，既是工作和生产活动中形成的真实材料，也是形成者的思想和行为的真实记录，是令人信服的历史证据。所以，作为历史真迹的档案，具有无可置辩的证据作用。

从档案的形式上看，它保留着真切的历史标记。如有的是当事人的亲笔手书或亲笔签字，很多文件上盖有机关或个人的印信，还有的是原来形象的照片和原声的录音。

由于档案是国家机关、社会组织以及个人从事社会实践活动的原始记录，是以往历史的客观写照,而且档案本身保留着真切的历史标记,因此,它可以成为查考、争辩、研究和处理问题的依据,具有不容置辩的凭证作用,这种凭证作用是档案不同于其他文献资料的基本特点。

档案的凭证作用历来受到人们的重视,人们可把档案作为凭证来处理各种问题。

(二)档案的参考作用

档案不仅记录了历史活动的事实经过,而且记录了人们在各种活动中的思想发展、科学研究的技术经验以及经济生产、文化艺术的创造成果。档案的内容是相当丰富的,它全面地、历史地反映了社会生活的各个阶段和各个方面,国家全部档案则是国家发展的历史记录。机关的档案是一个机关工作活动的真实记录。然而档案不是孤立地反映事物内容的单个材料,而是有机联系地反映一定活动的系统完整的材料整体。因此,档案对人们查考既往情况,掌握历史材料,研究有关事物的发展进程和规律性,继承历史遗产,总结经验教训,都具有广泛的参考作用。

档案的参考作用,与图书、资料等参考材料相比较,各有所长,具体有以下几个特点。

第一,原始性和较强的可靠性。由于档案是由文件转化而来的,如实地记录了历史活动的真实情况,是宝贵的第一手原始材料,一般说来,这就比事后回忆、专门编写或口头介绍等资料具有更强的可靠性。

第二,可供参考内容的广泛性。档案来源于各个历史阶段和人类社会实践活动的各个方面,它是人类历史保存下来的精华记录,内容无所不包,能从多方面起到参考作用。

第三,档案是从事工作和生产活动的必要依据,有时甚至是不可缺少的参考材料。

(三)档案的真实性

由于档案是历史凭证,具有广泛的参考作用,所以人们把档案称为"真实的历史记录"。但档案的真实性和可靠性也是相对的,须辩证地去理解。从总体来说,档案是一种比较可靠的历史材料,它真实地反映了当时历史活动的客观进程。但从具体的档案材料来说，由于人们认知水平的局限性和历史发展的复杂性以及其他各种原因，有些档案所记述的内容并不符合客观实际与历史事实，有的甚至是歪曲和诬陷。这种情况在旧政权档案中比较明显。即使在正常的情况下，档案材料的某些内容存有失真之处也是很难避免的。所以，只要档案上有的，不加分析，就认为百分之百正确，立即得出结论，也是不客观的。但是，档案是历史上形成的，即使内容不够真实或不够完整，它还是表达了当事人的意图，留下了当事人的行为痕迹，反映了当时的历史情况，就此而言，档案仍不失为真实的历史记录，仍然具有参考价值。档案是可以从正反两个方面进行研究和利用的，档案工作人员应坚持运用辩证唯物主义和历史唯物主义，既要辩证地看待档案的真实性和可靠性，又不能因为某些档案内容不真实或有问题，就把档案销毁，在档案中人为地造成一段"历史空白"。也不能认为档案内容有错误，就用现实的观点去加以"改造"，在档案上任意涂抹勾画，破坏档案的原貌，影响对档案的研究和利用。档案无论内容是否真实，是不允许涂改的，只能进行某些考证，用备考表等形式加以说明，在提供利用的过程中，需要审慎从事，避免以讹传讹。总之，档案工作者应认识到，档案形成的真实性并不等于档案在反映社会史实方面的真实性。档案的可靠性，要从档案形成的真实性与档案内容的真实性的相互关系中进行考察。只要档案本身是真实的，即使内容不真实，也可以批判地加以利用。应当指出，档案中的赝品只是极少数，档案内容失实也是少数，绝大部分是可靠的。

三、档案在社会主义革命和社会主义建设中的作用

（一）档案是单位工作必须查考的材料

党政机关、团体、社会组织为了有效地进行工作，必须加强调查研究，充分占有材料。

档案既是单位过去工作活动的记录，也是日后继续工作的重要条件。单位领导和工作人员熟悉情况，总结经验，制订计划，处理问题，常常需要从档案中查考以往记录。如果有档案可查，许多问题就可以迎刃而解，工作得以顺利进行。20世纪七八十年代落实干部政策时，因有的机关档案材料比较齐全，很快就解决了问题。一些落实干部政策的工作人员深有感触地说："这个难题，没有出口，

没有外调，没花一分钱，就解决了历史上遗留的这些时间久远的复杂问题。"而有些单位由于档案散失，"无案可查"，给工作增加了许多困难。

（二）档案可作为生产活动的依据和参考

档案记载了各种工作和生产建设活动的相关情况、成果、经验和教训，既是以往工作的记录，又是继续进行生产建设的必要条件。为了摸清历史和现状，普遍开展调查研究，充分利用当地的自然条件、优势，卓有成效地进行经济建设，需要查阅档案。有的因制定经济建设规划和措施，要参考过去的档案材料，从中吸取经验教训；有的是因建设商业网点，查询产品信息，搞好企业的改革和适应市场经济的需要，查找和利用档案；有的是因研究本企业的发展，探讨如何提高生产力和技术水平，也要参考档案材料。尤其是科学技术档案，更是进行现代化生产管理和科学技术管理的重要条件和必不可少的依据。在各项工作建设和经济管理中，因有完整的档案从而能够节省大量人力、物力、财力，因没有档案或档案材料不全而造成重大事故、重大损失的事例也时有发生，我们应认真吸取经验教训，高度重视档案管理工作。

（三）档案可作为科学研究的必要条件

无论是社会科学还是自然科学，几乎所有的研究都借助于各种各样的档案。离开了档案，许多科研工作几乎无从谈起。在这里，具有首要意义的是要使科学家得到必要的图书、档案资料、技术资料和其他工作条件。

科学研究的发展，主要依赖于人类的实践，但同时它又有继承性，即继承前人获得的科学实验的成果。因此，科学研究工作必须利用记录着前人研究成果的档案资料。所以人们常常将档案比喻为进行科学研究不可缺少的"粮食"或"能源"。编史修志更离不开档案，如果没有档案作依据，就难以准确地阐明历史事件，科学地总结历史发展规律。古人谓六经皆史，是指我国的史学名著，如《史记》《汉书》等，都是依据搜集到的档案材料加以整理而形成的。

（四）档案可作为对群众进行宣传教育的生动素材

档案以原始性、真实性和可靠性的特点见长，可成为宣传教育的生动素材。

利用档案编写回忆录、著述、演讲报告等，进行文艺创作，举办各种展览和宣传活动，都富有强烈的说服力和感染力。多年来，在宣传党的光荣历史、革命传统和老一辈无产阶级革命家的英雄事迹，对人民群众进行爱国主义教育等方面，档案都发挥了广泛的教育作用，取得了良好的效果。档案的内容是极为丰富的，在革命历史档案里，记载着革命先辈在极其艰难困苦的情况下，为了实现崇高的革命理想和远大的革命目标而英勇奋斗的光辉业绩；在中华人民共和国的档案里，记载着我国人民在党的领导下，取得新民主主义革命、社会主义革命伟大胜利和社会主义建设的伟大成就，利用这些档案对广大人民群众进行宣传教育，能使我们看到革命胜利来之不易，更加热爱党，热爱祖国，热爱社会主义。它可以激发起人民大众的爱国热情，使人民坚定不移地沿着中国特色社会主义道路，为实现社会主义现代化而努力奋斗。

四、档案发挥作用的特点

（一）档案作用的逐渐扩展

　　档案的作用具有对其形成单位和社会作用的双重性及过渡性。档案形成之后，在一定时间内，主要使用者是其形成单位。因为，档案作为单位履行职能活动的原始记录，是本单位了解既往情况，开展各项工作与生产活动，处理各种问题必须查找和利用的依据材料，形成单位对档案的利用，被人们称为"档案的第一价值"，它是促进本单位收集与保存档案的动力。随着时间的推移，档案对于形成单位的作用日趋淡化，但并不意味着档案作用的消失。档案作为党和国家的文化财富，其作用则逐渐向社会各方面扩展，国家各部门、各项工作和人民群众都需要利用档案，档案保存的时间越久远就越珍贵。社会各方面对档案的利用，被人们称为"档案的第二价值"，它是人们对档案的长远和全面利用。档案作用的逐渐扩展是就档案的第一价值向第二价值的转化而言的。

　　正确认识档案对它的形成单位与社会的双重作用以及处理好两者之间的关系，对于档案工作有着重要的意义。形成单位利用档案主要在单位档案室阶段，社会利用档案主要在档案馆阶段。为了便于形成单位与社会对档案的利用，必须妥善界定两者之间的过渡周期，过渡时限过早或过迟，都会影响档案作用的发挥。经过长期实践，我国已形成一整套档案管理制度，使档案的功能从服务于形成机关的职能需求逐渐扩展为服务于社会的多元需求，充分发挥档案长远的、全面的利用价值。档案工作者应以辩证的观点认识档案作用的时效性与扩展性，全面地估计档案对现时工作和将来的作用，正确处理好局部与整体、当前与长远的关系。不能因形成单位不用了就把档案销毁，也不能只顾形成单位的需要，将重要的档案留在单位保存，而不向档案馆（室）移交；档案馆（室）接收档案要考虑到形成单位利益的方便，不能过早地接收，给机关工作造成困难。集中保存起来的档案，既不能只顾眼前的利益，不采取保护措施，导致档案原件损坏，也不能只考虑长远保存，将档案资源束之高阁，造成档案资料严重浪费。档案在单位档案室和在档案馆，发挥作用的对象与形式有所不同，管理方法也略有差异，单位档案室提供利用的对象是本单位工作人员，利用的主要方式是调阅原件，也可以短期出借给本单位的使用者，档案馆提供利用的对象是面向全社会，利用的方式，一般限于馆内阅览，不外借，有时也提供复制件、汇编等。

（二）档案机密程度的递减

档案信息具有内向性，无论是在单位档案室还是档案馆阶段，从整体上看，大都具有一定的保密性。档案在单位档案室阶段，保密性更强，只限于本单位使用，一般不对外提供。档案进入档案馆阶段，除某些特定涉及党和国家机密的档案仍需要保密外，大部分档案的机密性日益减弱直至消失，最终可以开放，广泛提供利用。

档案的机密性不是一成不变的，随着时间的推移和条件、地点的变化，档案的机密性也在发生变化，有的档案仍具有机密性，有的机密性逐渐减弱，降低了保密等级，有的则完全丧失机密性，可以开放。从总的趋向看，档案形成的时间愈久远，机密性越弱，机密程度与保存时间成反比。在社会实践中，忽视档案的机密性，是错误的，但把档案的机密性看成一成不变的做法，也是形而上学的。因此，应该不断地研究档案内容，合理地调整密级，逐渐扩大利用档案的范围，直至最终面向社会全面开放，广泛地发挥档案的作用。

档案作用的逐渐扩展和档案机密程度的递减，不仅是档案开放的理论依据，也是档案馆由封闭型向开放型转变的理论基础。正确界定档案信息内向性向公开性转变的时限，做到既坚持适度的保密观念，又树立档案开放的思想，处理好利用与保密的关系，是档案工作一项长期的重要内容。

（三）档案在经济建设与科学研究方面的作用日益强化

档案是进行生产和繁荣科学文化的必要条件。随着历史的进程，特别是社会主义建设事业的发展，档案在经济建设、科学研究和文化教育方面的作用日益突出。档案主要服务于经济建设事业，应充分发挥档案在社会主义现代化建设中的作用。

第二节 档案工作的内容和原则

一、档案工作的内容

档案工作就是用科学的原则和方法管理档案和档案事业的活动。

档案工作的内容，从广义上说，包括机关档案室工作、档案馆工作、档案事业管理工作、档案教育工作、档案科学研究工作、档案宣传和出版工作。从狭义上说，是指档案馆和档案室从事的档案业务工作（或称"专业工作"），即档案的收集、整理、鉴定、保管、统计、编目与检索、提供利用、编研等。上述各项工作互相联系、相辅相成，共同构成了档案工作的有机整体。随着档案工作的开展和社会需求的变化，档案工作的结构和内容也会逐步发展和变化。

档案业务工作的各项内容，都是根据社会利用档案的客观要求和科学管理档案的实践需要而形成的。各机关在工作和生产活动中不断地形成大量文件，人们在各项工作中经常需要查找利用这些文件资料。文件的形成，虽然为社会利用提供了物质基础，但其形成后的自然状况，在被实际利用时还存在一定局限性，不能满足提供利用的需要。因此，必须按照科学的原则和方法对各机关形成的文件进行科学管理，这就形成档案工作，并构成档案工作的一系列内容。

各机关在工作和生产活动中形成的文件，是由机关内部的各个组织机构分散形成的，数量繁多，而查找利用档案，则要求文件一定要集中。为了解决文件形成后的分散状态和利用要求集中的矛盾，就须将分散的文件经过挑选，按照一定的制度集中保存起来，这就形成档案的收集工作。

收集起来的档案内容十分复杂，数量很大，有的甚至成包成捆，如果原封不动，还是处于相对零乱的状态，不好管理且无法提供利用，需要将其加以系统化。为了解决收集来的档案的零乱状态与条理系统才便于查找利用的矛盾，必须把这些档案进一步分门别类，这就形成档案的整理工作。

随着各项工作的发展和时间的推移，新的档案不断补充进来，使档案总量日益增长，而档案材料保存一定的时间以后，有些还需要继续保存，有些则已经失去保存价值，致使库存档案庞杂。为了解决档案庞杂和实际利用只需要有价值的档案的矛盾，就要对档案进行审查鉴别工作，去粗取精，将确实已失去保存价值的档案剔除，经过一定的手续，予以销毁，这就形成档案的鉴定工作。

由于自然和社会的各种原因，档案总是处于渐进性的自毁过程中，或者可能遭受到突变性的破坏。而社会则需要长远利用档案，要求尽可能延长档案的寿命。为了解决档案的不断毁损和需要长远利用的矛盾，就需采取各种保护措施，防止档案遭受损失，保证档案的完整性与安全性，想方设法使其"延年益寿"，这就形成档案的保管和保护工作。

档案的数量很多，如果只是收集、整理、鉴定、保管等工作，对档案的基本情况就还是处于不清楚的状态。要科学地管理档案，还须对档案进行调查研究，全面地了解档案的情况，做到心中有数。为了解决数量不清的状态与要求心中有数的矛盾，就要对档案的状况进行数量的观察和分析研究，这就形成档案的统计工作。

档案数量浩瀚，类型复杂，载体多样，内容分散。每个使用者面对堆积如山的档案，要查找和获得自己所需要的档案犹如"大海捞针"。为了解决浩瀚的档案和使用者的特定需求之间的矛盾，推动人们去探索查找档案的方法，这就形成档案的检索工作。

保存档案的目的是提供档案给使用者各项工作利用，而收集、整理、鉴定、保管、检索等工作，只是为提供利用奠定了基础和可能性，为了把可能性变为现实性，满足社会利用档案的需要，更好地开发档案信息资源，就需要通过各种方式介绍和实际地提供档案，这就形成档案的提供利用工作。

使用者来档案馆（室）利用档案，需要什么就提供什么，这只是被动服务。为了积极主动地提供利用，更好地发挥档案的作用，可以编辑、公布、出版档案，这就形成档案的编研工作。

辩证地认识档案工作各组成部分（或各环节）的特点与共性，充分发挥其特有功能与妥善处理好相互之间的关系，对于科学地组织档案工作，发挥档案的社会效益和经济效益，使档案工作更好地服务于社会主义现代化建设事业，有着重要的实际意义。

二、档案工作的性质

（一）档案工作是一项管理性的工作

管理就是人们根据事物的客观规律、劳动对象和工作特点，运用计划、组织、指挥、协调、控制等基本活动，有效地利用人力和物力，并促进其相互配合，达到最佳的结合，发挥最高的效率，以顺利地达到人们预期的任务和目标，也就是"管辖""处理"的意思。凡是许多人在一起共同劳动，都必须有管理。档案工作的管理性表现在以下三个方面。

1. 档案工作是专门负责管理档案的一项业务

《国务院关于加强国家档案工作的决定》中指出："档案工作的任务就是在统一管理国家档案的原则下建立国家档案制度，科学地管理这些档案，以便于国家机关工作和科学研究工作的利用。"这里讲的档案工作的任务，实际上就是管理任务。从宏观上讲，就是科学地管理好全国的档案，把档案信息资源开发出来，服务于社会主义现代化建设。从微观上讲，就是管理好一个单位的档案，为本单位各项工作服务。所以，档案工作确切地说是档案管理工作。这种管理工作，有特定的工作对象和一整套管理档案的原则和方法，不同于一般的人、财、物的管理工作。它是通过对档案的科学管理，发挥档案的作用，来为党和国家各项工作服务的专业工作。

2. 档案工作在一定的机关单位，是机关工作的组成部分

机关的档案工作，具有双重性质。一方面，它是国家档案事业的组成部分；另一方面，又是某种管理工作的组成部分。比如：会计档案，它既是整个财会活动的记录和反映，也是进行财务工作的工具和手段，还是财务工作不可分割的组成部分，没有账簿、凭证、财务报表，财务机关是无法进行管理工作的。在科研和生产部门，科技档案则是生产管理、技术管理、科研管理的组成部分。一个科

研机关没有各种科学实验的记录和各种科研文件材料，那就寸步难行，无法开展工作。所以，在任何机关或部门，档案工作都是某种工作管理的组成部分。

3. 档案工作是专门管理档案的科学性工作

档案工作就是要"分肌擘理，鉴貌辨色；规圆矩方，依时顺序"地按照科学方法进行管理。采取一套科学的原则和技术方法，组织档案的集中，进行系统化和鉴别挑选，采取科学的保护措施，遵循档案和档案工作的客观规律进行科学管理。做到管理方法科学化、管理机构高效化、管理工作计划化、管理手段现代化，充分发挥档案的作用，满足社会利用档案的需要。因此，档案工作是一项科学性的管理工作。

档案工作的管理性，要求档案工作人员必须掌握档案学知识，特别是档案管理的理论、原则和方法，积极地学习档案管理现代化的知识与技能，以适应档案工作的开展。

（二）档案工作是一项服务性的工作

从档案工作同其他工作的关系来说，它还属于一项服务性的工作。社会上的服务工作种类很多，其中文献资料服务工作也不止一种，而通过提供档案这种文献资料来为各项工作服务，是档案工作区别于其他工作的特点之一。

档案部门管理档案是为了满足社会主义事业发展对档案利用的社会需要。为人们了解情况、总结经验、研究问题、制定方针政策提供档案材料。它是通过收藏和提供档案材料这种特定的方式，为党和国家各项工作服务，为社会主义各项事业服务，属于资料后勤性质的服务工作。

档案工作的服务性，是档案工作赖以存在和发展的基础。在社会发展的各个阶段，档案工作能为一定的经济、政治、文化服务，为各项工作提供档案材料。如果档案工作不能为它们服务，本身就不能存在，也谈不上发展。古今中外档案工作发展的历史，完全证明了这一点。中华人民共和国成立以来，档案工作在为中国特色社会主义服务的过程中，得到了空前的发展，便是有力的证明。有时在不能充分发挥档案工作应有服务作用的情况下，档案工作就会发生停滞和倒退的现象。各行各业工作的开展，都离不开档案工作为之服务。

档案工作是维护党和国家历史真实面貌的一项重要事业。档案是历史的记录和见证，是在历史发展过程中自然形成的，而不是人们随意收集和制造的。历史怎样发展，档案就怎样记录，既不能擅自增加，也不能擅自削减。历史是不断发展的，人、事、物都将随着历史的推移而成为过去。后人要研究和了解历史上的事情，就要查考历史记录，其中主要是靠档案。从这个意义上说，档案工作就是保存历史记录和人类记忆的一项工作。

维护历史真实面貌，是每个档案工作者肩负的一项光荣而又艰巨的任务。要实现这一任务，档案工作者应做好本职工作，把档案管理好，不丢失，不损坏，及时地把档案材料提供给使用者，用以维护历史真实面貌；利用档案来编史修志、印证历史、校正史实，使档案的作用充分发挥出来。档案工作者必须坚持辩证唯物主义和历史唯物主义，要同一切窃取、破坏档案，歪曲、篡改历史的人和事件作斗争。

三、档案工作的基本原则

（一）统一领导、分级管理档案工作

1.国家全部档案由各级各类档案保管机构分别集中管理

档案是国家和社会的历史文化财富，是宝贵的信息资源，必须实行分级集中、统一管理。分级集中分为两种形式：一是以机关、团体、企业、事业单位内党、政、工、团组织和业务部门形成的档案，必须由机关档案室集中统一管理，不得分散保存，更不允许任何人据为己有；二是机关、团体、企业、事业单位形成的需要长期保存的档案，必须定期移交给有关档案馆（室），由各级、各类档案馆（室）集中保管。一切档案都必须按规定和批准手续办理，不得任意转移和销毁。

在现阶段，我国的档案存在着国家所有、集体所有和个人所有三种所有权。除国家所有的档案需要集中管理外，根据《中华人民共和国档案法》规定："集体所有的和个人所有的对国家和社会具有保存价值的或者应当保密的档案，档案所有者应当妥善保管。对于保管条件恶劣或者其他原因被认为可能导致档案严重损毁和不安全的，国家档案行政管理部门有权采取代为保管等确保档案完整和安全的措施；必要时，可以收购或者征购。"

2.全国档案工作在各级人民政府领导下，由各级档案事业管理机关统一、分级分专业负责指导和监督

所谓统一管理，就是在全国范围内进行统一的业务指导和监督。具体说；

就是全国档案工作事务由国家档案局掌管，根据党中央和国务院的指示和规定，对全国档案工作全面规划、统筹安排，提出档案工作的方针、任务，制定统一的档案管理的规章制度和办法，指导、监督和检查全国的档案工作。所谓分级负责，就是地方各级档案事业管理机构，按照全国的统一规定和要求，根据本地区党政领导机关的指示，提出本地区档案工作的规划和任务，制定具体的工作制度和办法，指导、监督和检查本地区的档案工作。所谓分专业负责，是指一些中央、国家机关具有很强的专业性、行业性特点，这些机关的档案部门除做好本机关的档案工作外，还需承担对本专业、本行业档案工作的监督和指导工作。对本专业、本行业的档案工作，制定有关的管理办法、规章以及业务标准和系统规范；制订规划和计划，召开档案工作会议，组织经验交流；组织并指导档案工作理论研究与交流以及对档案干部的培训等。

要对全国的档案工作统一进行业务指导和监督，各级各系统的档案机构，都要按照统一规定的基本规章制度和基本办法进行档案管理工作，不得各行其是。在集中统一管理原则下，实行分级、分专业负责，相互配合的管理模式。既有利于发挥各级档案管理机关的积极性，也有利于发挥专业主管机关的积极性，把"块块"和"条条"的作用都发挥出来，推动档案工作的迅速发展。条块结合的档案工作管理体制，具有中国特色，是国家档案工作网络内的基本结构形式。

3. 实行党政档案和党政档案工作统一管理

1959年以前，我国档案工作是由党委系统和政府系统分别管理的。1959年以后，全国各系统、各部门、各级的档案工作逐渐统一起来，实行党、政档案工作统一管理。其具体内容是：一个机关党、政、工、团的档案，由机关档案室集中管理；各级党政机关形成的具有长远保存价值的档案，由中央档案馆和各级综合档案馆集中管理；党委、政府的档案工作由档案事业管理机关统一进行指导、监督和检查，制定统一的规章制度。

实行党政档案的统一管理，这是我国档案集中统一管理的特点。它的主要根据是，党是领导核心，党的机关和政府机关在工作活动中形成的档案有密不可分的联系，实行集中统一管理，便于收集和利用，同时也可节省人力，符合精简原则。

（二）维护档案的完整与安全

维护档案的完整与安全是对档案工作的基本要求，是各级档案部门的首要任务，档案工作的方针、任务、规章制度以及各项具体工作，都必须体现这一要求。只有保证档案的完整和安全，才能给档案工作提供必要的物质基础。

维护档案的完整，有两方面的含义：一方面，从数量上要保证档案的齐全，使应该集中和实际保存的档案收集齐全，不能有遗漏；另一方面，从质量上要维护档案的有机联系和历史真迹，不能人为地割裂分散，零乱堆砌，更不能涂改勾画，使档案失真。这两方面是互相联系、相辅相成的。档案材料数量齐全，才能保证档案的系统完整性。只有维护档案的有机联系，才能使档案数量齐全有科学根据。

维护档案的安全，也有两方面的含义。一方面，从物质和技术上力求档案不遭受损害，尽量延长档案的使用时间。随着时间的推移，档案一直受自然和人为因素的影响，处在不断地损坏和毁灭的渐进性过程中，档案永远不受损坏是不可能的，但使之"延年益寿"却是有可能的。另一方面，要保证档案的政治安全，保证档案机密不被盗窃，不丢失，不泄密。

维护档案的完整与安全，是互相联系的统一要求。只有维护档案的完整，才能有效地保证档案的安全。档案的散乱、丢失，会造成档案的损坏和信息的不安全。只有维护档案的安全，才能确保档案的完整。维护档案的完整与安全，既关系到党和国家的利益，又关系到为子孙后代留存历史文化财富，这是档案工作者的责任和光荣的历史使命。

（三）便于社会各方面对档案的利用

便于社会各方面的利用是档案工作的根本目的。社会主义国家的档案工作，最终是为了提供档案为社会主义事业服务，这是整个档案工作的基本出发点，支配着档案工作的全部过程，表现于档案工作的归宿。档案工作规章制度的建立，各个方面业务工作的开展，都是为了实现这一目的。整个档案工作的好坏，也主要从是否便于利用这一标准去检验和衡量。从这个意义上说，便于社会各方面对档案的利用，是档案工作原则的一个重要方面。

上述三个方面的内容是辩证统一的。档案工作实行统一领导、分级管理，维护档案的完整与安全，都是为了便于社会各方面工作利用档案。要做到便于利用，必须实行统一领导、分级管理和保证档案的安全。从这个意义上说，前二者是手段，后者是目的。没有统一领导、分级管理和档案的完整与安全，就没有便于利用的组织保证和物质基础；离开了便于社会各方面的利用，前二者就失去了意义和方向。所以，我们必须完整地理解档案工作的基本原则，在整个档案工作中切实贯彻和遵循该基本原则。

第三节　档案工作的组织与制度建设

一、档案工作的组织

（一）机关档案机构

各机关、团体、学校、工厂、企业、事业单位，为了统一保存和管理本组织机构在工作活动中形成的档案，均在办公厅（室）下设立档案机构。大体有两种类型：一种是纯属负责集中保存和管理本单位档案的内部机构——机关档案室；另一种是某中央机关、国家机关和地方专业主管机关设立的档案处、科、室等档案部门，除负责管理本机关档案外，还要承担对本专业、本行业的档案工作进行指导和监督，负责制定规划、规章制度和干部培训等工作，这部分工作，实际上属于档案行政管理机构的职能。机关档案机构最多的是档案室。它既是机关工作的组成部分，又是全国档案工作组织体系中最普遍、最大量、最基层的业务机构。

1. 机关档案工作的性质

关于机关档案工作的性质，过去曾经有过这样几种提法，比如：是一项"专门工作"，是为"本机关服务的一项机要工作"，是"机关秘书工作的一部分"，是"属于机关秘书部门性质的辅助性工作"等。这些提法虽没有错，但它不能完全反映机关档案工作的性质和作用。机关档案工作不仅是机关领导工作的助手，也是机关工作的组成部分，这是机关档案工作的本质属性。各机关在其工作活动中都要形成数量不等的档案，这些档案记录和反映了机关工作活动的情况和历史真实面貌。它是机关工作活动和机关工作成效的客观见证。比如：公检法机关形成的案件档案，是立案和审判过程（包括侦查、预审、公诉、审判等活动）的记录和反映，是进行审判工作必不可少的工具和手段。机关档案工作科学管理这些档案，发挥它的作用，是机关工作的组成部分，应当纳入工作的议事日程，使其能更好地为机关工作服务。

2. 机关档案机构的职责

《中华人民共和国档案法实施办法》第九条指出，机关、团体、企业事业单位和其他组织的档案机构依照《中华人民共和国档案法》第七条的规定，履行下列职责：

1）贯彻执行有关法律、法规和国家有关方针政策，建立、健全本单位的档案工作规章制度；

2）指导本单位文件、资料的形成、积累和归档工作；

3）统一管理本单位的档案，并按照规定向有关档案馆移交档案；

4）监督、指导所属机构的档案工作。

上述职责是针对整个机关档案机构来说的，机关档案机构是一个总称，具体指的是各机关设立的档案处、档案科、总档案室和档案室。除了一部分机关有业务指导、干部培训任务以外，大部分机关主要还是集中统一管理本机关的全部档案，维护档案的完整与安全，便于机关工作利用，并为党和国家积累史料。这里需要特别指出两点，第一，强调机关档案机构统一管理的是"各种门类和载体的档案"。即一个机关党、政、工、团等组织和内部机构所产生的档案（包括科技档案、会计档案、声像档案等）都实行集中统一管理。过去《机关档案室工作通则》中由于没有强调"各种门类和载体的档案"，有些机关就片面认为，只集中统一管理党、政档案，而不包括人事、保卫、财会等方面的文件材料和有关规章制度；只对纸质档案进行管理，忽视了对新型载体形式档案的管理，致使这些文件材料长期分散在各业务部门，甚至个人手中，影响了档案的完整与安全。第二，按规定向档案馆移交应进馆的档案。这是因为机关的档案具有两重性，一是指在一定时期内由本机关管理和利用；二是在本机关保存一定时期以后，要把需要长期保存的档案集中到档案馆（室）。所以，机关档案机构管理的档案是党和国家档案史料的重要来源。机关档案机构向档案馆移交档案的数量和质量，直接关系到档案史料的完整齐全。我们只有用国家的全局观点来看待机关的档案，才能把各机关的档案既完整又精练地保存下来，才能使档案馆档案得到源源不断的补充。

3. 机关档案工作机构和体制

（1）机关档案工作的机构

按照《机关档案工作条例》规定："机关必须建立档案工作，成立相应的档案工作机构。不需要建立档案机构的机关，应配备专职或兼职的档案人员。"强调了每个机关都必须建立档案工作，机关不论大小，只要它行使职能活动，都会产生档案。产生了档案就得有机构和人员去做收集、整理、鉴定、保管、提供利用等工作。建立什么样的机构，应根据具体情况而定。中央和地方的专业主管机关，内部组织机构多的大机关，须成立档案处、档案科，或总档案室，才能担负起机关繁重的档案工作任务，而一般中小机关应成立档案室。

档案室是国家机构、企事业单位或其他社会组织内部设置的集中管理本单位档案的专门机构。它管理着各种不同类型的档案，一般可以分为以下几种类型。

1）机关档案室。指中央、省、地、县、乡各级机关和人民团体建立的档案室，负责管理本机关形成的各种门类和各种载体形式的档案。机关档案室在全国最普遍，数量最多。

2）科技档案室。它是管理科技档案的专门档案室。在工厂、矿山、科研部门一般都设有这种档案室。

3）音（声）像档案室。专门管理影片、照片、唱片、录音带、录像带的档案室。在电影公司或制片厂、电视制作中心、新闻摄影部门、广播部门和唱片厂，一般都设有这种档案室。

4）人事档案室。它是某些机关人事部门设立的专门管理机关干部和工人的人事档案。人事档案是指在人事管理活动中形成的，记述和反映机关干部、工人的经历、德才表现，以个人为单位组合起来，以备查考的文件材料。至于人事部门在工作活动中形成的一般人事文件材料，归机关档案室管理。

5）综合档案室。是机关、团体、企业、事业单位建立的综合档案管理机构。它负责管理本单位的党政工团档案、科技档案、会计档案以及其他专业档案。它相比分散设立机关档案室、科技档案室有更多的优点，既有利于档案的统一管理，又有利于开发档案信息资源，同时符合精简节约原则，是机关档案工作机构设置的一种发展趋势。近年来，综合档案室在全国范围内已迅速建立起来。

6）联合档案室。同一地区，特别是同一市镇的一些机关联合起来设立一个档案机构——联合档案室，负责管理这些机关的档案。这一组织形式，既有利于强化被联合单位档案和档案工作的统一管理，也符合精简机构、精减人员的要求。

7）档案资料信息中心。一些大型企业、事业单位建立统一管理档案、图书、情报、资料的机构，实行信息资源一体化管理，为本单位综合利用信息服务。

（2）机关档案工作体制

机关档案工作受机关的办公厅（室）领导，机关档案部门是办公厅（室）的直属机构。各机关档案部门的业务工作，受同级和上级档案业务管理机关的指导、监督和检查。对驻在地方的上级直属单位的档案工作，实行以专业主管机关为主，地方管理机关为辅的管理体制。

（二）档案馆

1. 档案馆的性质

档案馆的科学文化事业性质，主要表现在以下几方面。第一，从管理对象上看，档案馆是党和国家永久保管档案史料的基地，其工作对象——档案，属于宝贵的文化财富。第二，从工作内容上看，档案馆是科学管理档案，并对档案内容进行系统研究考证，编辑出版档案史料，参加编史修志，举办各种形式的档案展览，积极参加或开展各种学术研究活动等的机构。第三，档案馆不是党政领导机关，也不是企业生产部门，它是面向社会，为各方面提供档案，为繁荣科学文化，为党和国家各项工作服务的一种文化事业机构。

还应该指出，档案馆所保存的档案，有一部分是具有机密性的，特别是保管党政档案的档案馆和保管尖端科学技术档案的专业档案馆，机密性较明显。从这个意义上说，某些档案馆也具有一定机密性。

2. 档案馆的任务

根据《档案馆工作通则》规定："档案馆的基本任务是在维护党和国家历史真实面貌的前提下，集中统一地管理党和国家的档案及有关资料，维护档案的完整与安全，积极提供利用，为社会主义现代化建设服务。"

《中华人民共和国档案法实施办法》第十条指出："中央和地方各级国家档案馆，是集中保存、管理档案的文化事业机构，依照《中华人民共和国档案法》

第八条的规定，承担下列工作任务：

（1）收集和接收本馆保管范围内对国家和社会有保存价值的档案；

（2）对所保存的档案严格按照规定整理和保管；

（3）采取各种形式开发档案资源，为社会利用档案资源提供服务。"

按照国家有关规定，经批准成立的其他各类档案馆，根据需要，可以承担前款规定的工作任务。

上述档案馆的任务，既指出了档案馆的基本任务，又明确了档案馆的具体工作，并把档案馆的任务和党的总任务、总目标联系起来。档案馆要为社会主义现代化建设服务，这是档案馆工作的根本方向。

3. 档案馆的种类

我国档案馆的设置，是对国家档案全宗进行科学的划分，按照档案形成的时间、地区、部门、载体种类和记录方式等特征来组成不同类型的档案馆。档案是在一定的历史时期形成的，按时期分类是最普遍的分类特征，我国有些档案馆就是只保存某一历史时期的档案。档案又是产生于某一行政区划内的机关、团体、企业、事业单位，因此，在组建档案馆时，要考虑到国家行政区划的设置，并把它作为建立国家档案馆网的基础。我国档案馆大多按中央、省、地、县来设置。档案是由一定的部门形成的，不同的部门形成不同内容的档案材料，建设档案馆时要加以考虑，需相应成立某些部门档案馆。在国家档案全宗内还包括大量的照片、影片、录音档案，由于制成材料与记录方式都和纸质档案不同，在保管上也有特殊的要求。所以，我国也相应建立了影片、照片档案馆。

我国现有的档案馆，其类型主要分为以下几类：

（1）综合档案馆

它是按照行政区划或历史时期设置的管理规定范围内多种门类档案的文化事业机构。中央级档案馆，负责集中保管历史上各个时期和中华人民共和国成立以来，具有全国意义的党、政、军和著名人物的档案。目前已建立的中央级档案馆，有中央档案馆、中国第一历史档案馆（负责保管明、清档案）、中国第二历史档案馆（负责保管"民国"时期档案）。地方档案馆，有省（直辖市、自治区）、市（地、自治州、盟）、县（市、旗、区）档案馆，分别集中保管省、地、县的历史档案和中华人民共和国成立以来形成的需要长期保存的档案。

（2）专业档案馆

它是收集和管理特定范围专业档案的档案馆。如中国照片档案馆、中国人民解放军档案馆以及在大、中城市设置的城市建设档案馆。

（3）部门档案馆

它是专业主管部门设置的管理本部门及其直属机构档案的档案馆。如外交部档案馆、国家广播电视总局所属的中国电影资料档案馆等。

（4）企业档案馆（室）

它是企业设置的管理本企业档案的档案馆（室）。

（5）事业单位档案馆（室）

它是事业单位设置的管理本单位档案的档案馆（室）。

（三）档案事业管理机构

档案事业管理机构是具有政府行政管理职能的档案行政管理部门。在我国，党和政府的档案工作是统一管理的。因此，档案事业管理机关，既是党的机构，又是政府机构。

1. 档案事业管理机构的设置及相互间的联系

为了对国家和地区的档案事业实行有组织有计划的指导与监督，并协调其内部与外部关系，我国从中央到地方已建立起一整套档案事业管理机构。在中央设立国家档案局，掌管全国档案事务；在省、自治区、直辖市设立档案局；在地、市、州、盟设立档案局（处）；在县、旗设立档案局（科），负责管理本地区档案事务。《中华人民共和国档案法》（以下简称《档案法》）规定了档案事业管理机构及其职责，《档案法》规定："国家档案主管部门主管全国的档案工作，负责全国档案事业的统筹规划和组织协调，建立统一制度，监督和指导。县级以上地方档案主管部门主管本行政区域内的档案工作，对本行政区域内机关、团体、企业事业单位和其他组织的档案工作实行监督和指导。乡镇人民政府应当指定人员负责保管本机关的档案，并对所属单位、基层群众性自治组织等的档案工作实行监督和指导。"

各级档案事业管理机构，只负责管理档案业务。上级档案事业管理机构对下级档案事业管理机构，只是业务上的指导关系，而不是领导与被领导的关系。因此，关于各级档案机构的设立和编制、档案干部的配备、档案事业的经费、档案馆库房的建设、档案保管与复制设备等问题，都应该由同级党委和人民政府去解决。上级档案业务部门只能提出意见，无权决定最终结果。

各级档案事业管理机构，是各级党委和人民政府领导档案事业的参谋和助手。它应该在党的路线、方针、政策的指导下，在党中央、国务院确定的档案工作原则、方针、任务下，积极主动地考虑档案事业建设和发展中的各种问题，并向党和人民政府提出报告，争取领导的重视和支持，采取各种措施，把所属范围内的档案工作做好，不断推向前进，开创档案事业发展的新局面。

2. 档案事业管理机构的职责

（1）国家档案局的职责

《中华人民共和国档案法实施办法》第七条指出：国家档案局依照《档案法》第六条第一款的规定，履行下列职责：

①根据有关法律、行政法规和国家有关方针政策，研究、制定档案工作规章制度和具体方针政策；

②组织协调全国档案事业的发展，制定发展档案事业的综合规划和专项计划，并组织实施；

③对有关法律、法规和国家有关方针政策的实施情况进行监督检查，依法查处档案违法行为；

④对中央和国家机关各部门、国务院直属企业事业单位以及依照国家有关规定不属于登记范围的全国性社会团体的档案工作，中央级国家档案馆的工作以及省、自治区、直辖市人民政府档案行政管理部门的工作，实施监督、指导；

⑤组织、指导档案理论与科学技术研究、档案宣传与档案教育、档案工作人员培训；

⑥组织、开展档案工作的国际交流活动。

（2）地方档案行政管理部门的职责

《中华人民共和国档案法实施办法》第八条指出：县级以上地方各级人民政府档案行政管理部门依照《档案法》第六条第二款的规定，履行下列职责：

1）贯彻执行有关法律、法规和国家有关方针政策；

2）制定本行政区域内的档案事业发展计划和档案工作规章制度，并组织实施；

3）监督、指导本行政区域内的档案工作，依法查处档案违法行为；

4）组织、指导本行政区域内档案理论与科学技术研究、档案宣传与档案教育、档案工作人员培训。

（四）档案机构之间的相互关系

各级各类档案机构之间的关系是：上级档案事业管理机构，对下级档案事业管理机构是业务指导和监督关系；档案事业管理机构，对档案馆和档案室是业务指导和监督关系；档案室和档案馆是档案交接关系；各级各类档案馆（室）之间，均无隶属关系，只有一定的协作关系。

二、档案工作的制度建设

（一）制度种类

1. 工作规章

（1）明确文件形成、归档责任

机关、企业事业单位在制定有关规章、标准和制度中应提出相应的文件收集、整理和归档的责任要求。

（2）制定档案工作规定

档案工作规定是本单位档案工作的基本要求，其主要内容应包括档案工作原则及管理体制，文件的形成、积累与归档职责要求，档案收集、整理、保管、鉴定、统计、利用要求等。

（3）建立档案工作责任追究制度

对相关岗位人员违反文件收集、归档及档案管理制度，发生档案泄密，造成档案损毁等行为，单位应提出责任追究和处罚措施，并将有关要求纳入相关管理制度。

（4）制定档案管理应急预案

对可能发生的突发事件和自然灾害，应制定档案抢救应急措施，包括组织结构、抢救方法、抢救程序、保障措施和转移地点等。对档案信息化管理软件、操作系统、数据的维护、防灾和恢复，应制定应急预案。

2. 管理制度

管理制度用来明确档案工作业务环节及重要专项工作管理的基本要求，主要包括以下制度。

（1）文件归档制度

应明确文件归档范围及保管期限、归档时间、归档程序、归档质量要求以及归档控制措施。

（2）档案保管制度

应明确各门类档案保管条件、特殊载体档案保管方式，档案清点检查办法、对受损档案的处置办法、档案进（出）库要求、库房管理要求和库房管理员职责。

（3）档案鉴定销毁制度

应明确鉴定、销毁工作的组织、职责、原则、方法和时间等要求。

（4）档案统计制度

应明确统计内容、统计要求和统计数据分析要求。

（5）档案利用制度

应明确档案提供利用的方式、方法，规定查（借）阅档案的权限和审批手续，提出接待查（借）阅档案的要求。

（6）档案保密制度

应明确档案形成者、档案管理者、档案利用者应承担的保密责任。

（7）电子档案管理制度

应对本单位各信息系统中形成的电子文件提出归档、管理和利用要求。

（8）档案管理系统操作制度

应明确档案管理系统操作人员的职责，档案管理系统软件、硬件的操作要求。

3. 业务规范

业务规范主要用来明确不同门类和载体形式的档案管理的基本要求，主要包括以下几种。

（1）文件、档案整理规范

应明确文件立卷与档案整理原则、整理方法、档号编制要求和档案装具要求等。

（2）档案分类方案

应明确分类原则、依据、类别标识、类目范围等。

（3）文件归档范围和保管期限表

应明确各类文件归档的范围及其相对应的保管期限。

（4）特殊载体档案管理规范

应明确不同载体档案收集、整理的要求和保管条件。

（二）制度建设要求

1. 依法依规

档案工作规章制度制定的依据主要包括：《中华人民共和国档案法》、《中华人民共和国档案法实施条例》，国家档案局颁布的档案行政规章，国务院各部委和国家档案局联合颁布的档案行政规章，国家、本市印发的各类业务规范标准，档案行政规范性文件以及其他与档案工作有关的法律法规，如《中华人民共和国保守国家秘密法》《中华人民共和国著作权法》等，任何单位和组织制定的档案工作规章制度都不得与之相抵触。

2. 切合实际

制定档案工作规章制度应以管得住、易操作为原则，不必一味求大求全。就规章制度类别来看，工作规章是一个单位依法开展档案工作的根本依据，其基本要求应当纳入单位的规章制度及考核内容中。而管理制度和业务规范既是工作依据，又指导实际操作，着重解决"做什么"和"怎么做"的问题，应当根据一个单位档案工作的具体情况制定。如收集、整理、归档、保管、利用、安全保密等工作是档案业务的重要环节和要求，关系到档案的完整、系统和安全，有必要通过制度来明确责任和工作流程，作为各部门、处室共同遵守的行为准则，因此，这些是开展档案工作必须建立的工作制度。又如档案检索、统计、编研等业务工作主要由档案机构专职人员承担，对一个单位其他部门和人员来讲不具有普遍约束力。因此，可根据单位性质、规模等具体情况选择制定或纳入档案工作规定中一并制定。再如特殊载体档案、专门档案等有其管理的特殊要求，应当结合本单位档案分类方案及业务活动实际，分门别类，逐步建立健全，确保不留管理空白。

3. 保持相对稳定

档案工作规章制度具有稳定性特点，尤其是涉及文件和档案整理等方面要求的，如档案分类方案、归档文件材料整理规范等，一旦作为工作制度确立下来，短时间内不能轻易改变，否则容易造成档案分类和文件整理标准前后不一致，给今后档案调阅和查考带来不便。

4.适时修订完善

随着国家新标准、新规范的出台以及档案行政规范性文件有效期届满修订等工作的开展，尤其是信息技术的发展和无纸化办公的推进，对电子文件归档管理、电子档案管理、传统载体档案数字化、档案信息安全保密等工作提出了新要求。因此，档案工作制度也必须适应新的形势要求，适时调整和补充完善。

第四节　档案管理工作的发展趋势

一、档案管理模式趋向一体化

（一）文档管理的一体化

所谓文档管理的一体化，是以建立在文书和档案工作基础上的全局观，对文件从制发办理到归档的整个过程进行管理，以保证文件和档案管理合二为一。也就是说，将现行文件的产生、归档及档案管理纳入一个管理系统，用统一的工作方法、制度、程序对其进行管理，而不再将文件和档案置于两套不一样的管理系统，这样可以避免不必要的劳动，大大提高管理工作的效率。

上述内容的实现得益于办公自动化的普及、计算机技术的发展以及档案管理网络化的发展，这些为文档管理一体化的实现提供了技术支持。随着办公自动化的普及，无纸化办公成为人们主要的文件起草方式，计算机能快速、简洁地完成传输和办理这些活动，在这些进行完以后，再考虑对文件进行何种处置——是销毁还是保存，可见，这时的文件与档案之间已经不是那么泾渭分明了。在文档管理一体化的条件之下，人们可以利用系统随时对处理完毕的文件进行归档，而不是像传统的管理模式，需要耗费较长的时间、较多的人力来进行归档整理，这时的文件管理和档案管理处于一个管理系统之下，对不必要的、重复的劳动进行了删减，工作效率自然而然随之提高。

文档一体化系统是实现电子文件全过程管理和前端控制的重要平台。在文档一体化系统中，电子文件的产生、运转、归档管理等都被纳入了控制和管理的范围之内。不仅如此，在整个系统刚刚开始设计的时候，档案人员就已经参与其中，因而整个系统既能够体现文件的档案化管理思想，也更能保证电子文件的真实性和完整性。

（二）图书、情报、档案的一体化管理

一般情况下，我们将图书、情报以及档案视为三个不同的个体，它们有各自的特点：图书具有比较系统的知识体系，情报是用来消除不确定性的特定信息，档案是记录人们社会活动的原始信息，虽然特点不同，但是三者可以在功能上互相弥补。尤其是在信息技术飞速发展的今天，三者之间的联系更加紧密，正在逐渐走向一体化管理。图书、情报、档案一体化的管理模式具有突出的优势，首先，可以提高信息的综合度，充分组织和开发利用各类信息资源，满足生产、生活、领导决策和文化传播综合、集成的信息需要。其次，可以优化单位的资源配置，实现资源共享。近年来，许多大型企业在以前图书室、资料室和档案室的基础上进行了资源重组，建立了企业信息中心，对图书、情报和档案实施一体化管理，将它们纳入统一的信息管理系统，能够充分利用各类信息资源，实现资源共享。最后，图书、情报、档案的一体化管理适应了社会信息化和数字网络环境对于各类信息综合集成的管理需要和利用需要。在信息网络环境下，图书、情报、档案等各类信息资源将不再是界限分明的孤岛，而是相互渗透、相互连接的信息集成。

如今，科学技术飞速发展，网络技术、计算机技术、通信技术都呈现猛烈的发展势头，因此两个"一体化"管理的趋势也越来越明显，这就对档案工作者提出了新的要求，即实现纵向和横向的立体发展。所谓纵向，具体而言是指加深对文件管理理论、方法等的熟悉。所谓横向，是指档案工作者要加强对图书、情报工作相关知识的了解，因为档案与图书、情报之间有着非常紧密的联系，对图书、情报有一定的了解，才能使三者处于一体化的有序管理之中。

二、档案管理手段趋向数字化和网络化

进入 21 世纪以来，不仅科学技术飞速发展，计算机技术的发展也是突飞猛进，开始渗透于社会的方方面面，档案管理的手段也因此发生了变化，逐渐摆脱了传统的手工管理，开始趋向数字化和网络化。所谓档案管理的数字化，是指借助计算机技术等现代信息技术，直接生成数字档案信息，或通过数字化技术，

将存储在传统介质上的模拟档案信息转换成数字信息，便于档案信息的网络传输和共享。数字化档案的产生主要有两个渠道，一是在数字网络环境下（尤其是在办公自动化环境下）直接产生大量的电子文件。通过在线或离线方式归档以后转化成电子档案。二是通过馆藏数字化，将原来存储在纸张、缩微胶片、唱片、录音带、录像带等载体上的档案信息通过数字化处理后转换成数字信息，形成电子档案。数字化档案是实施档案网络化的必要前提。近年来，互联网覆盖的范围越来越广，档案管理网络化已经成为不可逆的趋势。所谓档案管理网络化，是指借助网络这一平台完成对档案信息的接收、传递、整理等工作。可以看到，随着档案管理的数字化和网络化趋势，档案管理工作不仅减少了很多重复性的劳动，大大提高了工作效率，也使得人们对档案信息的利用更加方便、高效。

三、纸质档案与电子文件将长期并存

在过去的很长一段时间里，档案管理工作主要针对的都是纸质的档案，整理、总结出的档案管理方法、管理经验、理论依据等也都是针对纸质档案形成的，毫无疑问，过去一直是将纸质档案视为档案工作的管理对象。但是，随着社会的进步与科学技术的发展，承载信息的载体发生了变化，电子文件开始在档案载体中占据越来越大的天地，并且大有将纸质档案取而代之之势。这一切似乎都在预示，终有一天，办公无纸化会变成现实。电子文件虽然便捷且利于传输，但是因为它是近年来才发展起来的新鲜事物，所以对于过去的很多信息它并不能完整收录，而且电子文件容易被篡改、毁坏，在真实性方面也逊色于纸质档案。再加上长期以来，人们已经习惯了阅读和使用纸质文件，这一习惯很难改变。上述种种都显示，纸质档案和电子文件会在今后的工作和生活里长期共存。对于纸质档案，长期经验之下已经有了较为完备的理论、管理方法等，而关于电子文件的管理还需要档案人员进一步摸索、整理、归纳，同时还要协调好纸质档案和电子文件的关系，使二者协调统一。

四、档案馆的公共性和社会化服务将越来越突出

档案馆是我国档案工作机构的重要组成部分，是法定的保管国家档案资源的机构。作为一个科学文化事业机关，档案馆肩负着社会化服务的功能，可是在

过去的很长一段时间内，档案馆的这一功能都没有得到充分的发挥，更多的还是充当着党和政府机要部门的角色。随着我国社会主义事业的建设和发展，政府职能逐渐转型，公共管理这一职能越来越受到重视。在这一举措的推动下，档案馆的社会化服务功能也得到了拓展，更多的公共档案馆开始走入人们的生活中，人们对于档案馆不再陌生，不但对其认识加深，而且也普遍认可。公共档案馆由国家设立，其宗旨是面向社会和所有公民提供全方位的服务，其馆藏主要是国家机构和相关组织在公务活动中形成的公共档案以及其他反映社会各阶层活动的档案材料。档案馆的服务对象是全体公民，并为利用者提供良好的阅档环境。

长期以来，我国各级国家综合性档案馆在馆藏结构和服务对象等方面的定位是以党和政府的机关部门为主，馆藏档案以各级党和政府部门的文书档案居多，而科技档案以及记载当地社会团体和公民的档案较少，加上档案馆封闭的服务方式，使档案馆与社会公众之间有一定程度的疏离。因此，只有在改善馆藏机构，丰富馆藏内容，加强档案馆社会化服务功能的基础上，才有可能使我国的各级国家综合性档案馆真正发挥公共档案馆的职能。

第二章 现代档案管理理论

第一节 文件运动理论与全程管理理念

一、文件生命周期理论的主要内容

（一）文件生命周期

所谓"文件生命周期"就是文件从其形成、使用到因丧失保存价值而被销毁，或作为档案永久保存并继续实现其社会价值的完整运动过程。这个生命周期除了文件的现行阶段，即现行文件的形成和处理阶段外，还应包括文件保存在机关档案室（或文件中心、联合档案室、中间档案馆）和国家档案馆（或其他终极性档案馆）两个阶段。

（二）文件生命周期理论

1. 文件生命周期理论概述

文件生命周期理论就是研究文件运动全过程的演变规律、阶段划分、各阶段特点与联系以及相应管理行为的理论。

2. 文件生命周期理论研究的内容

文件生命周期理论的主要内容包括：

1）研究文件的生命周期。文件从形成、运转、使用到销毁或作为档案永久（即无限期）保存，是一个有机联系的、有规律可循的、完整的运动过程（即生命周期）。

2）研究文件生命周期划分标准。文件的全部运动过程可以区分为若干阶段，区分各阶段的主要依据或标准，通常是文件价值形态的差异及其转化程度，也可考虑其作用对象、目的与范围的差异，存在形式（含保管单位、整体结构、存放地点等）的差异等诸多因素。由于认识与把握上述依据或标准的侧重点有所差异，出现了对文件运动阶段的多种划分。

3）研究文件运动各个阶段的关系。文件运动各阶段既相互联系、相互依存，有许多共性，又相互区别、相对独立，有各自的特点与特殊运动规律。

4）研究文件运动各个阶段的管理方法。对于具有不同特点的各阶段文件，管理和利用工作的方式、方法等必须有的放矢，有所区别。

3. 文件不同运动阶段的主要特点

文件运动的整个过程可以分为三大阶段：现行文件、半现行文件和非现行文件（即档案保管）阶段。

现行文件最突出的特点是现行性，即现实作用最为突出，在现实活动中直接使用的频率最高，与其制发者、保管者和承办者的关系最为密切。此外，它们还具有不同程度的流动性（实际存放地点可变动）、可塑性（可更改或修改，加批语等）和封闭性（一部分文件只能在形成单位内部或收、发文单位之间或特定范围内运转和使用，不得向社会公开或向无关人员扩散，有的文件还包含国家秘密或商业秘密），以及管理者与其制发者或承办者的同一性等。

半现行文件的基本特点是类现行性、可激活性、中间性和一定程度的内向性。所谓类现行性，是指它们所具有的主要是与现行文件相类似的"对于原机构的原始价值"，即第一价值。其作用范围、作用性质与现行文件比较接近，而根本不同于馆藏档案。所谓可激活性，是指它们还没有转化为严格意义上的"历史记录"，而是处于待命备用的"休眠"状态，并随时可能经"激活"而苏醒，从而为现实的生产、经营、工作活动所使用。所谓中间性，亦称"过渡性"，是指半现行文件正处于一种亦此亦彼、承前启后的中间状态，正处于从高度活跃的现行阶段逐渐向相对稳定的永久保存阶段演变的过渡时期。所谓一定程度的内向性，是指较之现行文件的封闭性，半现行文件的保密要求通常已经降低，可扩散的信息比率已经提高，可扩散的范围已经展开；与此同时，相当一部分半现行文件仍然不能开放，其主要利用者和主要作用范围仍然是形成和保管这些文件的单位或个人。

永久保存阶段的非现行文件即档案馆保存的档案，具有稳定性、历史性与文化性、社会性及开放性等特点。所谓稳定性，是说进入这个阶段的档案已不再具有过渡性，已经完全成熟，多数情况下已不再被淘汰销毁，所以普遍称为"档案"，也有的称为"档案文件"。所谓历史性与文化性，是说永久保存阶段的档案作为历史记录和文化财富的性质已经非常明显和突出。因此，我国规定国家档案馆是"集中管理档案的文化事业机构""科学研究和各方面工作利用档案史料的中心"。所谓社会性，是说它们发挥作用的范围已经远远超出原形成单位或个人，扩展到社会的各有关方面、各有关领域。所谓开放性，是说这个阶段的非密档案已不需要继续保密和封闭，可以而且应该向社会开放了。

二、文件连续体理论的兴起及其与周期理论的互补

（一）文件连续体理论的内容

文件连续体理论的重要内容是，构建了一个多维坐标体系来描述文件的运动过程。这一多维坐标体系包括四个坐标轴——文件保管形式轴、价值表现轴、业务活动轴和形成者轴。其中文件保管形式是核心轴，因为它的变化带动了其他坐标轴的相应变化。文件连续体理论通过描述文件保管形式轴上四个坐标的变化，引发形成者轴、业务活动轴和价值表现轴上特定坐标的相应变化，揭示出文件的四维运动过程。四维的文件保管形式依次是单份文件、案卷、全宗和全宗集合。每种保管形式对应的形成者、业务活动和价值形式分别是：①单份文件对应具体的个人、具体的行为及其具体的行为轨迹；②案卷对应内部机构、包含若干行为的一项活动及其活动凭证；③全宗对应独立单位、特定职能和机构（即独立单位）记忆；④全宗集合对应整个社会、社会意志和社会记忆。

因此，文件连续体理论更注重文件运动的连续性、非线性和时代性，注重行为者和文件，特别是行为者和生成文件的活动与环境之间的互动，更注意电子文件运动过程无明显分界标志的现象。

（二）文件连续体理论与生命周期理论的关系

在我国档案学界，对于文件连续体理论与文件生命周期理论两者的关系主要有两种观点。

1. 连续体理论是生命周期理论的补充与发展

有学者认为，文件连续体理论是文件生命周期理论在电子文件时代的补充和发展。较之文件生命周期理论，文件连续体理论的进步之处可以归结为四点：①连续体理论选取的独特研究视角是文件保管形式与业务活动和业务环境的互动，考察的是文件从最小保管单位直到组成最大保管单位的运动过程和规律；

②连续体理论将文件置身于一个多元时空范围，运用立体的、多维的研究方法，全方位地考察文件运动过程及其规律，可以更准确地描述电子文件运动的复杂状态；③连续体理论更多地突出文件运动的连续性和整体性，将文件视为一个无须明确分割的连续统一体，这准确地揭示了电子文件各阶段界限日趋模糊、联系却越发明显的运动特点，因而适用范围更广、生命力更强；④连续体理论直面电子文件阶段界限日益模糊的现实，不再要求各阶段相关因素的机械对应，从而更好地顺应了电子文件时代的发展要求。

2. "文件连续体" 理论更具优势

另一种观点认为："文件连续体模式在管理电子文件方面具有生命周期模式不可比拟的优势。用连续体以目的为导向的系统方法管理文件从根本上改变了文件保管者的角色。文件保管者不再是被动等待，在文件形成后才管理文件，而是主动超前地同其他保管者一起共同确定机构活动需要保管哪些文件，然后纳入事务活动体系进行管理。该体系经设计具有保管文件的能力，文件一旦形成，体系就能够捕获其中具有凭证特性的文件并纳入保管体系保存。应该强调文件连续体模式作为电子文件最优化管理模式的重要性，其目的是增进人们对文件管理的关心，提高管理效率和满足用户需求。"相对于文件生命周期理论，文件连续体理论更符合文件管理理论高级阶段的表现特性。

三、中国式文件运动理论的实践

关于中国式文件运动理论的实践，这里主要从运用该理论考察科技档案更改实践的角度加以研究。有以下几种情况值得注意。

我国大量的科技档案，实际上仍处于文件的现行期或半现行期，对它们的更改和补充，其实是针对现行文件和半现行文件的。例如，大量的基建档案和设备档案，其记录的实物对象，即相对应的建筑物、构筑物和机电设备等，仍在正常使用或运转，仍需进行经常性维护、检修和阶段性改造。这些基建档案和设备档案，其效用与归档前并无本质差别，仍是使用、维护、调试和改造相关实物对象的依据和工具，仍可视为现行文件。既然是现行文件，为什么不可以根据实物对象变动后的实际情况更改和补充呢？

这里还牵涉一个档案观问题。我国的现行规定和主流意见是把归档作为文件转化为档案的关节点、转折点。而一些国家的档案工作者则把文件管理阶段或称文件的"有效期"一直延伸到文件的半现行阶段结束之时，进档案馆永久保存之前，换言之，进入永久保存阶段之前的文件仍不是完全意义上的档案。这就是文件生命周期理论美英流派的观点。我们认为，在科技档案更改问题上，不妨认同美英流派的档案观。这样，不少"科技档案"的更改，就转化成对现行文件的更改，就不称其为问题了。

至于半现行科技文件的更改问题，则可从科技文件（档案）与管理性文件（文书档案）的差异中去考察。

科技档案与文书档案相比，它的显著特征是具有很强的现实性、动态性和记录对象的实存性。这是因为，一方面，科技活动不断发展，静态的科技档案内容难以反映科技活动的动态变化；另一方面，科技档案的产生、积累、形成是一个动态的、不断完善的过程。尤须强调的是，科技档案的记录对象包含现实存在的物质实体，如建筑物、设备、产品等，这些物质实体的变化，应该在科技档案中记录和反映出来，即科技档案的内容必须与记录对象的现状相一致。因此，科技档案的准确性、真实性要求与文书档案有很大的不同。

就同处于文件运动半现行阶段的两种档案而言，文书档案的准确性标准只有一个，即历史标准。只要能够真实地反映管理性活动的历史面貌，其档案就是准确的。而科技档案却不然，科技档案的准确性有两个标准：历史标准和现实标准。也就是说，科技档案不仅要反映一定条件下科学技术或科技对象的历史面貌，而且要反映它们的现实状况，使科技档案同它们反映的科技活动保持一致。因此，作为文书档案前身的管理性文件归档后绝对不允许修改，否则就会失去档案的真实性，失去档案凭证和依据作用的基础。而科技档案，只要符合制度要求，经过一定的批准手续，不但允许更改，而且必须更改，才能保证科技档案的准确性。假如基建档案只反映建筑物在施工时或设计时的情况，而不能随着建筑物的变化而修改、补充自己的内容，那么这套基建档案就会失真，也就失去了它在该建筑物的使用、改建、扩建和维护中的凭证依据作用。总之，对科技档案进行必要的修改和补充不仅维护了科技活动的真实历史面目，而且有利于科技活动的进一步展开。

科技档案中也存在文件"回流"现象。例如，一些已停产数年的产品，经改进和改型后重新投产，如原图仍需保存，可以补充新图；如原图已无价值，则可直接在原图上更改。又如，一些已废弃数年的房屋，需改造后重新启用，也可采用补充新图或更改原图的办法去处理。这些，都可视为对重新"回流"到现行阶段的科技文件进行更改或补充。这与房地产权属档案的异动管理十分类似，房屋变更或权属变更了，可对相关权属档案进行增补和变更，失去一定有效性的档案文件则转作"参考卷"。

科技档案的"横向运动"和"螺旋式"运动。例如，老项目的或通用的设计图、施工图，经复制、更改或补充后，用在新产品的生产或新建设项目的施工中。如原图已无保存价值，一轮周期已结束，则重新制作的新图或更改后的图纸开始了新一轮生命周期，进入了新一轮螺旋式的上升运动。如原图仍需继续保存，则新图便开始了横向运动。

第二节　档案利用服务与开放理论

一、信息公开与新开放观

（一）文件与档案的开放范围

按照现行法律、法规和规章的规定，可以向公众开放即公开的文件和档案，应该包括两个部分。①《中华人民共和国档案法》规定："国家档案馆保管的档案，一般应当自形成之日起满30年向社会开放。"②已公开和可公开的现行文件，应免费向公众开放。这是政府信息公开的要求。这里所谓的"现行文件"，除了一部分仍处于现行阶段外，还有相当大的一部分实际上是处于半现行阶段，即属于现行机关档案的现行有效文件。

（二）文件与档案的新开放观

无差别地面向所有合法组织和个人，特别是面向一切具有中华人民共和国公民身份、持有居民身份证等合法证明的普通居民，而不仅仅是面向机关工作人员或专家学者。

如果仅仅是有条件、有差别地向特定对象提供利用，那就只能说是有限制地利用服务,不能说成是开放的。现在一些档案馆或位于机关大院内,或门禁森严,普通老百姓连进门都难,更谈不上真正利用档案,档案的开放成为一句空话。当然,就现实情况看,在档案开放工作中,我国实行国内外用户区别对待的规定,这在目前仍然是必要的。但从长远来看,应该在条件具备时逐步过渡到一视同仁。

方便地利用已公开和可公开的文件。利用已开放和应开放的档案,是一切社会组织和公民都拥有的合法权利,是公民和组织知晓公共事务信息和与自己相关的公共信息的权利,它是公民拥有公共事务和公共信息知情权的重要部分。我国《档案法》明确规定:"档案馆应当定期公布开放档案的目录,并为档案的利用创造条件,简化手续,提供方便。"换言之,为公民和组织利用已开放和应开放档案创造条件,提供方便,是档案馆的法定义务。

调整档案"封闭期"。我国《档案法》关于馆藏档案"一般应当自形成之日起满三十年向社会开放"的现行规定,一般档案馆的做法是对档案实施三十年的"封闭期"。现在,除了形成时间已满三十年的馆藏档案外,很大一部分现行文件都已经或可以公开,还有很大一批经济、科学、技术、文化等类档案,也可以随时向社会开放。因此,应对档案的"封闭期"进行调整。有两种调整的思路:一是从总体上缩短多数档案的"封闭期";二是对不同类型档案的"封闭期"要分别作出规定,不再使用"一般应当""满三十年"这类容易导致"一刀切"的说法及做法。

扩大承担档案开放任务的组织。承担档案开放任务的组织,主要是国家档案馆或公共档案馆。但是,在信息公开的社会环境中,在文件公开和档案开放的范围已大为拓展的今天,政府网站和内部档案机构等也应该承担一部分开放任务。

确保文件与档案的安全。在开放范围进一步拓展、开放力度进一步加大的前提下,要更加重视确保文件与档案的实体安全和信息安全。从实体安全的角度讲,重要、珍贵或只有孤本的文件和档案要以提供复制件为主,这也是长远利用的需要。从信息安全的角度讲,一切利用和开放都不得损害国家安全和利益,不得损害有关公民和组织的合法权益。要在法治化的大前提下,正确处理利用、开放与保密的关系。

及时调整有关档案和文件公开的现行政策和法律、法规。对于一些与文件公开和档案开放有关的现行政策和法律、法规,例如,关于哪些档案应控制使用范围的规定，关于档案"公布权"的规定，关于档案资源开发主体的政策导向等，都应该遵循公共信息公开、政府信息公开的精神，慎重考虑，及时作必要的调整。

二、现行文件公开体系的构建

应该公开的政府信息，其主要存在形式多是现行文件或未到进馆年限的档案。目前，现行文件公开包括两种主要服务方式：一是实体文件服务，二是网络信息服务。要更有效地把现行文件，特别是政府的"红头文件"提供给公众利用，要使政府公开文件的成果和效益实现最大化，就要进一步改进和完善现行公开文件利用服务工作，提高服务工作的质量和效率，因此就需要构建一个以政府网站和现行文件利用中心为核心平台，以内部档案机构、政务服务大厅、大众传媒等为外围的多渠道、网络化的现行文件公开体系，以满足公众对现行文件的利用需求。

（一）政府网站

充分利用现代信息技术，将已公开现行文件的利用与网络服务相结合，使政府网站成为现行文件公开的主渠道。

1. 政府是信息资源的最大拥有者

政府不仅是公共事务的管理者，还是信息资源的最大拥有者。各级政府及其所属部门作为有权决定是否可以公开特定政府信息的机关，直接通过网站公开相关现行文件，具有渠道畅通、中间环节少、运作简便、迅速及时、内容覆盖面宽等其他社会组织难以比拟的优势。档案部门把自己的网站与政府网站相链接，成为政府面向公众的信息网络的一部分，方便利用者，特别是大中城市的利用者。

2. 政府网站的主要功能

就目前情况看，在公众信息网上，政府网站的功能主要包括两个方面。一是网上办公，老百姓可以通过网上政务窗口便捷地申办必须通过行政许可的事项。随着《中华人民共和国行政许可法》的实施，行政许可事项将大幅度缩减，行政许可实施程序进一步规范，服务型的政府运行机制正在计算机网络的支持下逐步形成。二是公开信息，老百姓可以通过网站浏览各类政府信息，包括法律、规章，政府的机构设置、职能分工、办事程序和所辖行政区域内的重大事项等，而这些信息的主要存在形式，就是现行公开文件。网上办公与公开信息两个方面紧密相连，相互支撑，缺一不可。试想，如果不能在政府网站上方便地查阅到足够的现行公开文件，网上办公也就无法再持续下去，因此，可以说，网上办公和网上公开现行文件，是电子政务建设和行政体制改革的两个连锁并行推进器。

3.政府网提供服务的优点

较之实体文件服务，提供网上查询有很多优点。

保证文件的时效性。在政府网站上，随时可以公布最新的政策法规文件，在新文件颁布后，旧的被废止的文件就可以及时删除，从而保证网上提供的都是现行有效的文件。

节约成本。对政府而言，无须专用库房和柜架存放，减轻了管理的压力，减少了大量的事务性工作。对公众而言，简化了申请程序，降低了成本负担，更平等地行使知情权。

方便快捷。与传统的实体文件利用相比，网络化的服务方式在整体上体现出快速、实时、高效、全面的优点。而且，随着计算机的普及应用并逐渐进入普通家庭，更多的人将会选择在家里、在办公室查询，网络化的服务方式将更符合人们的利用习惯。

当然，要充分发挥政府网的优势，实实在在地为老百姓服务，还必须及时更新网页，把老百姓关心的信息和实用的办事指南，通过网上公开的现行文件提供给公众，提升政府网站的质量。

（二）现行文件利用中心

以档案馆为依托的现行文件利用中心是现行文件公开的又一重要渠道。应该看到，在广大农村，特别是偏远、贫困地区，计算机和互联网的普及程度还很有限。尽管从长远看，网上公开现行文件前景广阔，但从目前实际情况看，仍然必须有现行文件利用中心等其他方式同时存在，才能构建一个完整的、有足够覆盖面的体系。

以档案馆为依托，建立现行文件利用中心，主动承担起更加贴近公众和现实的现行公开文件利用服务工作，是我国档案部门在政务信息公开背景下的一大创新之举。现行文件利用中心是在目前情况下直接面向普通市民，特别是不具备上网条件的公民提供现行公开文件的又一重要渠道。

建设现行文件利用中心，需要做好以下工作。

1）中心的开办必须得到同级党委、政府的批准，并取得政府各职能部门及其下属单位的协作与支持。

2）收集、集中一批与用户查询要求有关的现行文件或现行文件信息。

3）在收集、集中现行文件的基础上，对现行文件保密与非密的界限进行审查，确定提供用户查阅的现行文件范围。

4）加强需求调研，了解公众需要哪些方面的现行文件，以此确定公开的重点。从一些单位的利用统计看，与老百姓切身利益相关的，涉及社会热点、难点问题的政策性、法规性、规范性文件，往往是公众关注的焦点。

5）采取措施，建立相应的制度，确保现行文件利用中心收集渠道畅通，收集的内容系统完整。目前，从有的现行文件中心所收现行文件的来源和质量来看，还存在收集范围狭窄、内容零散、不系统、不能很好地满足利用者多方面需求等问题。

6）以档案馆为依托的现行文件利用中心的建设还应该与档案馆整体形象的改善、文化品位的提升联系在一起，通盘考虑。

（三）内部档案机构、政务服务大厅、大众传媒

1.内部档案机构

主要是指档案室。档案室，特别是各级党政机关的档案室，可以成为现行文件公开的又一渠道。

2.政务服务大厅

由政府各职能部门相关人员组成，集中在一个场所办公，将原来的行政审批事项由分散受理变为集中受理，实行"一站式"办公服务方式的一种新型服务场所。这种政务服务方式，优化了审批事项的流程，减少了审批环节，简化了审批手续，将过去要为一个证照奔跑多次的"串联式"审批，变为现在一站就能解决问题的"并联式"审批。政府服务大厅设置的办事指南处、资料室、公告栏、开设的文件利用服务窗口或触摸屏式服务终端等，为老百姓提供各级政府公开的政策法规、现行文件，把政务管理工作与现行公开文件的利用服务工作有机地结合起来。因此，政府服务大厅既是政府办公、实施政务管理与服务的地方，又是公开政务信息、公开现行文件的场所。

3. 大众传媒

大众传媒传播信息具有速度快、影响广泛等特点，因此，利用其公开现行文件具有独特的优势。通过大众传媒，可以让公众更多地了解政府公开信息，可以及时向公众提供政策性、法规性、公益性文件及政府的其他红头文件，为公众参与社会生活提供可靠的依据。目前，公开现行文件的主要方式是传统的用各级各类国家机关政报、公报的形式，如用具有综合性的《全国人大常委会公报》、《国务院公报》、《最高人民法院公报》、《最高人民检察院公报》、地方政府政报等向公众公布政府信息。但这还远远不够，应该主动利用大众传媒，采取其他方式来公开现行文件，如：出版更多与公众利益密切相关的政策、法规手册等，放在有关部门的接待办事处，供公民自由免费取用；利用广播、电视节目，将现行文件内容放进案例，使现行文件更容易为公众所理解并接受；还可以利用各级政府机关和一些公共服务型企业事业单位建立的新闻发言人制度，公开现行文件。

三、内部档案机构"适度开放"论

（一）"适度开放"的内涵

"适度开放"是指以下 5 个方面。

1）坚持机关档案室等内部档案机构的性质和主要职责，即为本单位和本系统工作活动服务，主要为本单位领导、职能部门和员工服务。

2）机关档案室适度向公众免费开放，以各种方式向公众和社会组织提供已公开和可公开的文件和档案。例如，工商、税务、质量技术监督、城市房地产管理等部门的内部档案机构，可以利用本机关的网站，公布有关规范性文件，提供这些文件和相关档案的检索与利用服务；或在相关的政务服务大厅、服务场所开设文件与档案利用服务窗口或触摸屏式服务终端，把政务管理工作与相关文件和档案的利用服务工作有机地结合起来。

3）企业的内部档案机构有条件地向公众和社会开放。可以在互利互惠和确保企业合法权益不受损害的前提下，有条件地向关联单位或客户提供本企业文件和档案的利用服务。

4）高等学校档案馆、特大型企业集团档案馆适度向公众和社会开放。部分规模较大的国有企业、事业单位档案馆，已经成为法定的或事实上的终极性档案馆。这类档案馆既是所在单位的内部机构，又有义务承担公共档案馆的某些职能。它们的馆藏中符合开放条件的档案，也应该向公众开放。如高等学校档案馆，如果它们始终不向公众打开大门，那么，记录我国高等教育发展历程的档案史料就无法被更多的人广泛知晓。

5）政府信息公开工作中对5类不予公开信息的限制性规定，同样适用于内部档案机构。因此，内部档案机构在面向社会提供有限制的利用服务时，必须确保国家秘密、商业秘密和个人隐私的安全，维护国家、社会和相关组织与个人的合法权益，保证内部档案机构所在单位的正常工作秩序。

（二）内部档案机构"适度开放"的必要性

内部档案机构"适度开放"的必要性可以从两个方面来看，一是从内部档案机构在现行文件公开体系中的地位，二是从内部机构所保存的档案内容。

1. 内部档案机构在现行文件公开体系中的地位要求"适度开放"

目前，向公众和社会公开文件与开放档案的机构主要是现行文件利用服务中心和档案馆，但是只依靠它们开展这方面的工作是有一定局限的，因此，需要内部档案机构的"适度开放"进行补充。

通过现行文件利用服务中心开展文件公开工作具有以下4个方面的局限性。

1）现行文件利用中心是在现行文件开放主体缺失的情况下，由档案局（馆）顺应时代潮流而主动开办的。现行文件主要存放在文书部门，也有相当部分存放在机关档案室中，而这两个部门的文件对社会开放仍缺乏充分的法律依据，因为我国政务信息公开的立法工作才刚刚起步，尚待完善。与此同时，档案馆开放历史档案的利用率又普遍不高。正是在这样的背景下，档案馆建立起现行文件利用中心。

2）档案馆开展现行文件公开不是它的主业。现行文件利用中心主要向社会开放内容涉及政策性、法规性、公益性、服务性的现行文件。我国《档案法》规定，档案馆的职责是"负责接收、收集、整理、保管和提供利用各分管范围内的档案"，并不包括现行文件的收集和开放利用工作。档案馆开办现行文件利用中心，在目前情况下是必要的，但如果就此止步，以此作为政务信息公开的主渠道，甚至是唯一的渠道，有越俎代庖之嫌。

3）现行文件利用中心的服务存在不足。首先，文件收集的完整性不能保证。

现行文件利用中心要收集现行文件，而这些文件的所有权属于形成机关，目前尚无法律、法规规定现行文件必须交到现行文件中心，因此，中心收集到的文件可能是零散的、不系统的。其次，现行文件利用中心实际上是依靠行政命令开办的，形成单位处于被动、配合的地位，积极性不高。对形成机关来说，有不少人认为挑选文件移交给中心，属于额外负担。最后，对利用者来说，他查到的文件可能是零散的。中心收集文件只能针对社会公众具有普遍意义的需求，某些公众的特殊利用需求因中心没有收藏仍无法得到满足。而且，现行文件利用中心只负责提供利用，没有权力和责任，也没有能力对现行文件的内容进行解释。在这种情况下，由机关档案室来承担现行文件的开放显然就十分必要，机关档案室承担现行文件的开放工作可以克服现行文件中心的上述不足，能全面、完整、准确地满足档案利用者的现实利用需求，因此，由档案局（馆）开办现行文件利用中心只能是过渡性的，它最终将让位于机关档案室，至少将会把开放现行文件和半现行文件的主体地位让渡给机关档案室。

4）从目前现行文件利用中心受欢迎程度可以看出机关档案室开放的必要性。因为现行文件利用中心提供的文件，很大一部分实质上应归属于档案室档案。

2. 内部档案机构的"适度开放"，正好弥补了目前现行文件中心档案馆开放文件和档案的不足

按照文件生命周期理论的要求，从文件形成直至最终进馆都应得到全面有效的控制。这种有效控制既包括有效的管理，又包括有效的利用。而且，从某种意义上说，有效的利用比有效的管理更为重要。因此，无论是处于哪个运动阶段的文件，都存在有效利用的问题。对现行文件实施开放利用，以及对档案馆档案（非现行文件）的开放利用，从文件运动过程看，仅仅是文件运动过程的两头，对处在中间阶段的文件（在机关档案室保存的档案），即半现行文件的开放利用则是一个空缺，填补这个空缺，正是机关档案室的任务。与此同时，如果将次年归档改为"随办随归档"，把现行文件也交给档案室管理，并由档案室承担对外开放任务，将是一个很好的选择。

内部档案机构所保存档案的内容也要求"适度开放"。目前，机关档案室提供的利用服务，主要面向档案的形成单位。现行的《机关档案工作条例》等有关法规规定，机关档案不属于开放范围，对外提供利用需经上级主管机关批准，这就形成了内部档案机构的全封闭特点。但是，从内部档案机构所保存档案的内

容来看，"适度开放"是十分必要的。主要原因在于以下 4 个方面。

1）内部档案机构保存的档案中含有大量的现行文件。在我国，文件与档案的界限是，只要文件完成了所有的现行处理程序以后，即所谓的"办理完毕"，在整理归档后就成为档案，其界限是针对文件处理流程的完结，而不是针对文件的内容。就文件内容而言，这些"办理完毕"的文件里面包含着大量仍具有现行效用的文件，即现行文件。而这些现行文件有不少都是已经公开或可以公开的。

2）内部档案机构保存的档案具有多种价值形态。机关档案室等内部档案机构所收藏档案具有多种价值形态，是档案室等内部档案机构开放的内在依据。档案室保存的档案不仅具有第一价值，有些同时还具有第二价值。按照文件双重价值论虽然强调档案室档案主要具有第一价值形态，但也并不否认某些档案在产生之初就具有第二价值，只不过暂时还没有居于主导地位而已。按照文件生命周期理论，档案室保存的档案实际上是处于过渡期的现行文件、半现行文件，这种过渡，也就是从第一价值向第二价值过渡。这种过渡是渐变性，而非突发性的，并且正是通过这种逐步渐变，第二价值最终才能占据主导地位。处于过渡期内的档案室档案一开始就具有或大或小的第二价值。从总体上看，尽管会有此消彼长的变化，但文件与档案的第一价值和第二价值始终都是共存的，无论在文件运动的哪个阶段都是如此。因此，在确保国家秘密、商业秘密和个人隐私安全，不损害国家和人民利益的前提下，在首先满足本单位利用需求的前提下，档案室档案就应有限度地对社会开放。

3）室藏档案中有许多政策性、法规性、公益性文件，绝大多数本来就是直接面向社会的。这些文件从发布之日起，其第一价值的实现者，就包括社会公众。公众就是这些文件的直接针对对象、直接受益者甚至是直接的接受者或执行者。机关档案室应当为社会各方对这类文件的利用提供方便。

4）就特定的专门领域、专门问题而言，机关档案室保存的现行公开文件在一定程度上较现行文件利用服务中心更为详尽、具体、系统，更具有实用价值，可以弥补现行文件利用服务中心在这方面的不足。

当然，目前内部档案机构的"适度开放"的实行，还受到法律法规的相关规定滞后于形势发展等诸多因素的制约。

第三节　管理维度空间中档案管理理论建构

一、管理维度空间中的档案管理理论建构之前提与要求

（一）档案管理理论研究对象在管理活动中具有支撑性作用

只有当一门学科的研究对象在管理活动中具有较为重要的价值和意义时，其研究才会为管理实践者和管理学界所关注，其成果才能得到重视和推广，如果研究对象在管理活动中显得无足轻重，则缺乏拓展的空间。更重要的是，当认识到其研究对象在管理活动中具有支撑性作用时，研究者的主体心态就会发生积极的变化，在重视自己所研究对象的同时，也会对自己所从事的行业（这里包括档案工作和档案管理理论研究两个方面）充满信心，进而会有激情地去继续自己的研究活动，有利于激发研究的主动性和创造性。

在此需要明确的是一门学科的研究对象，并不等同于这门学科得以生成和赖以生存的实践活动内容，其范围往往要大于后者，因为学科的研究对象不仅包括其实践基础，还应包括其理论来源和本体研究，甚至还包括通过与相关学科结合而形成交叉领域。具体到中国档案学，其研究对象绝对不仅限于我国的档案工作与档案事业，还包括档案学自身的研究，如档案学史等，此外还有文件与文书工作。钟其炎在其《反思档案学研究对象》一文中就指出，档案管理理论研究对象不应该仅仅是档案现象，还应该把文件现象纳入其中，该文从档案学基础理论、实践工作、发展潮流、学科地位和理论研究现状等五个方面进行了论证，之前吴宝康、徐拥军等也持相同观点。虽然有人表示反对，但文献调研的结果却显示中国档案学人在这些"非专业领域"的研究成果十分丰富，也是十分时兴，如电子文件的相关研究层出不穷，"很难想象一个学科的研究热点竟然不属于这个学科的研究对象"。故此，文件与文件工作是档案管理理论研究的对象之一。文件方式在管理活动中起着协调沟通、参考凭证、文化塑造和宣传教育等作用，具有管

理资源配置、资源保障、资源优化和资源再生等功能，其重要地位是显而易见的。

如果一定要说文件与文件方式还不是档案学最重要的研究对象的话，那么不妨探讨一下"档案工作"这个档案学的核心研究对象。

对于档案工作是公共管理活动直接参与者的认识，调研中大多数受访者一开始并不完全认可，反而认为档案工作是间接参与公共管理活动的，一方面是因为他们习惯将公共管理活动仅仅理解为政府的行政行为，另一方面是想当然地认为档案工作与档案一样是历史的和滞后的。档案是社会管理活动的产物，因而对于档案工作能忠实记录公共活动和政府管理的方方面面，一般没有异议。

但正因如此，人们总习惯把档案工作的对象——档案的属性等同于档案工作的特点，即因为档案是对过去事件的记录和反映，于是就认为档案工作也是滞后的。在调研中发现，近80%的社会人员和普通机关人员（非档案工作者）认为，档案工作应该在事后介入公共管理活动，即便是档案从业人员，持这种观点的也有25%之多。其实，为了更全面地记录和反映管理过程，档案工作应该在活动伊始甚至在其行为之前就介入其中。特别是新时代，我国社会经济处于快速发展期，大量的活动和事物，如不主动予以记录，便会稍纵即逝，"坐享其成"只会造成无法挽救和难以弥补的损失。当然，自然留存的档案和有意"制作"的档案还是具有一定差异性，前者产生更为客观，后者则具有较强的主观性，这就要求档案工作者不能以个人偏好行事，要以正确的、对历史负责的态度来开展工作。事实上，档案工作早已渗入文化教育和服务民生等公共管理活动的方方面面，档案已经成为直接化解社会矛盾的重要依据、维护和平衡各方利益的武器，是管理权力来源的基本凭据，因此档案工作伴随公共管理的全部流程，能在一定程度上提高管理的效率和效果。

通过前面分析不难得出，无论是档案学的主要研究对象，还是次要研究对象，都是管理活动的主要组成和支撑，是值得档案学人为之欣慰并付诸努力的，而这正是基于管理维度分析的档案学构建的首要前提。

（二）档案管理理论研究主体应具备的管理基础知识与基本技能

研究主体了解和掌握管理的相关知识与技能，是管理维度空间中的档案管理理论研究建构的内在要求。研究主体是科学研究的生力军和学科发展的原动力，只有档案管理理论研究主体对管理的基本知识和技能有一定的把握，对管理的资源和生态有相当的理解，特别是了解和理解"管理维度空间"的构成和作用，才能不仅仅局限或拘泥于档案管理对象、职能本身，才能意识到只关注和探讨管理内容维度的狭隘性，才能真正从更宽广的管理视域去审视和发展档案学，才能更好地将管理学的一般原理有机地运用于档案管理理论研究，并担当起将档案管理理论研究成果推向管理的其他研究领域之重任。

目前档案管理理论研究主体有两类，一是来自高校与科研院所的理论工作者，二是扎根于档案工作实际的研究人员。

前者对于一般管理的原理与方法绝对不会陌生，对档案管理本身的理论和技能更是相当擅长。因为自从档案学从历史学门类划转至管理类以来，现在我国大多数高校档案学专业都归属于管理学院系（或称"公共管理学院""信息资源管理学院"等，不一而足），这些学校的档案学专业课程中就有不少关于管理学基础与原理的，如河北大学档案学专业设置有管理学、管理心理学、行政管理学、知识管理等诸多管理类课程。而即便不是管理学院系，也都开设了一定数量的管理类课程，如当时还属于历史文化旅游学院的黑龙江大学档案学专业，其专业必修课就有现代管理学、行政管理学、电子政务概论等，山东大学、湖北大学等学校的同属于历史文化学院的档案学专业也是如此。

二、档案管理理论建构的基本原则

（一）稳中求变原则

所谓稳中求变，就是指在继承中不断创新和发展，并逐步走向科学和完善，其中稳是前提和基础，变是目标和手段，这是管理维度空间里的档案管理理论研究建构的根本原则。稳中求变有两方面要求：一是"稳"，这要求充分尊重和合理利用现有的研究成果和方法，档案工作者和档案学人在各个历史时期的努力和探索积累了丰厚的沉淀，这是我们研究的基础和起点，凭空捏造或杜撰的理论是经不起考验也是没有生命力的，从前文的分析也可以看出，管理维度空间里的档案管理理论研究绝对不是另起炉灶，而是对现有研究的深度挖掘和全面梳理；二是"变"，变是事物存在的基本状态，变的本质就是对时代和环境的适应，其最终表现就是发展，可见"变"既是学科生存的规律和常态，也是我们研究的目标和宗旨，中国档案管理理论研究要想提升自己的地位和空间，展现自己的优势和特色，绝不能墨守成规，必须在理念上有所创新，在方法上有所改进。只有稳中求变，才能在变中求强，这是我们建构管理维度空间里的档案管理理论研究的必然选择和根本要求。

（二）本末兼顾原则

本末兼顾原则主要是针对研究内容而言的，"本"是基础层面和理论层面的研究，而"末"是表达层面和应用层面的研究，就是指在分清本末主次的前提下，做到既有轻重之分，又不失偏颇。这一原则的具体要求是，在建构管理空间中的档案管理理论研究时，要兼顾各个维度研究内容与方法的均衡发展，不能顾此失彼，有所疏漏，这是研究体系完整性的要求，而这种"兼顾"并非一视同仁，不加区别，内容维度的研究是传统和基础，重在夯实和创新，资源维度是价值增长点，要着力挖掘和打造，而方式维度是核心竞争力，要实现继承和突破。同样，在具体某个维度的研究设想中，既要面面俱到，也要分清主次，特别是不能因为表达层面和应用层面的研究成果更吸引大众眼球，就急功近利或求新标异，而忽视了基础层面和理论层面的研究。比如资源维度的档案管理理论研究，一方面要树立"大管理观"，兼顾管理资源和资源管理，另一方面要明确一次管理是前提，二次管理是优化，而资源保障是升华，这一维度的研究绝对不能因为追求"提升"，而忽视一次管理研究的改进和发展。

（三）深度互渗原则

构建管理维度空间里的档案管理理论研究时，必然要处理好与关联学科乃至整个科学研究的关系，如在研究文件（档案）信息构建时，就离不开图书情报学和计算机科学知识的借鉴和支持，而档案信息二次整理的研究，又为这些学科的相关研究提供了素材和启示，因而要求设计与构想管理维度空间里的档案管理理论研究伊始，就不能只存有大量引进的"理想"或单向输出的"抱负"，而是必须遵循深度互渗原则。该原则也有两层含义：一是"互渗"，指对借鉴与引用向度的规定，即要求研究人员不仅能将管理类、历史类等关联学科的知识和研究，应用于管理维度的档案管理理论研究之中，而且要努力扎实自己的根基、挖掘与强化自身的优势，使档案学理论和研究成果有输出的需求和可能；二是"深度"，是针对理论耦合的程度而言的，即指理论、方法的输出或导入，不能仅作一个介绍，谈一下必要，说一点心得，来一些展望，就算大功告成，而是要对输出理论的核心优势和扩张能力有深刻的理解，并且要充分把握对象专业（即引入方）的切实需求和适用范围，才能进行互相的借鉴和渗透，这对研究主体的知识能力和研究态度都有较高的要求，但这是置于管理空间的档案管理理论研究所必须做到的，也是该研究体系建构时所必须遵循和明示的，否则就无法保证未来研究成果的辐射力和影响力。

三、档案管理理论建构设想

（一）内容构成

1. 传播导向的理论层面研究

这一层面的研究旨在建立管理视域下的档案学的基础理论体系，其具体内容包括：管理维度理论的深化及其对档案管理理论研究的"作用力"与"反作用力"，各个维度档案管理理论研究的内容、特点、方法、历史、定位和前景，管理维度空间中文件、档案的基本属性与运动特征，基于管理维度分析的文件与档案管理活动的特点、功能与规律等。由于理论层面的研究是探讨基本原理、方法及本体研究，以提升理论深度、完善理论结构和扩大学科影响为目的，而非直接用于实际问题的解决，因此属于传播导向型研究，其特点是追求整体系统性，但能服务于应用研究并为后者指出方向，奠定基础。

2. 问题导向的应用层面研究

这一层面的研究旨在对档案管理实践与社会、机构管理活动提供理论支持和实际指导，其内容包括：内容维度的档案管理程序研究（具体如档案的收集、整理、鉴定、保管、检索、编研、统计和提供利用的流程与方法等）、档案管理职能研究（具体如档案行政管理机构与档案信息机构设置的历史、现状与发展，以及在档案管理活动中的作用与功能等）、资源维度的档案信息资源的一次管理研究（具体如档案信息采集、描述、组织、存储、传播与服务的作用、要求与手段等）、档案信息资源的二次管理研究（具体如档案信息开发、构建与营销的理念与方式等）、管理资源的信息保障研究（具体如人力、财力、物力、规则、技术、权利、人脉、文化及管理资源的信息保障内涵、意义、原则与途径等）、方式维度的文件管理方式（具体如文件管理方式的构成、功能、历程、发展、要素与环境分析，以及文件方式与其他管理方式的对比研究等）。由于应用层面的研究主要为了发现、分析和解决与各类管理活动相关的实际问题，所以属于问题导向型研究，其特点是强调具体针对性。

（二）方法梳理

1. 基于管理内容的方法

由于内容维度的档案管理理论研究涵盖了档案管理活动的全部流程，而各个环节都有一定的特色或专业方法，所以基于管理内容的方法范围较广，如档案采集方法、检索方法等，但相对其他管理类学科含有更多专业"元素"，并在管理内容维度上起关键作用的主要有两类，一是档案文献组织方法，二是以技术方法为主体的档案保护相关方法。

（1）档案文献组织方法

文献组织是图书情报与档案工作的重要内容和核心环节，传统纸质环境下的文献组织是以编目、分类、标引等形式，将文献进行整理与排序的过程。而数字环境下，文献组织形式有所变化，但其基本含义还是不变的，即指对文献集群单元特定的形式特征、内容的系统性与整体性进行揭示与描述。文献组织的主要方法有著录和标引，其依据是各类著录规则和分类方法。档案文献则有着自己专门的著录规则和分类方法，如在我国前者主要依据中华人民共和国档案行业标准《档案著录规则》，而分类则一般依据的是《中国档案分类法》。

档案文献组织方法之所以有着专门性并区别于其他文献组织方法，是由档案文献的特殊性与特点所决定的。在分类原则上，图书与期刊一般采用学科分类为依据，而档案文献则主要根据职能分类原则；在时间字段上，图书期刊只需要著录出版时间，而档案文献要著录文件的形成时间，以及发文、收文时间等；此外，由于部分档案文献的保密性，还要著录文件的密级等。

（2）档案保护相关方法

档案保护相关方法的核心是技术方法，所谓技术方法是人们在技术实践过程中所利用的各种方法、程序、规则、技巧的总称，它帮助人们解决"做什么""怎样做"以及"怎样做得更好"的问题。无论是纸质文件还是电子文件，其得以完整保存和长期可利用都有赖于技术的利用，只是技术的类别不同而已，如前者主要依靠的是化学与生物学相关的知识和技术，后者主要依靠信息科学的支持。在我国，传统的档案保护技术方法比较成熟并且已成体系，其标志是档案保护技术学的建立和发展，而电子文件（档案）保护技术方法的研究也正如火如荼，并取得了长足的进步。当然，仅仅依靠技术方法还不足以解决档案保护中的各类问题，还需要相关保护方法，如人员、设备与库房控制方法等。

2. 面向管理资源的方法

（1）文件信息分析方法

所谓信息分析是指为满足特定需求与目的，在对文献进行搜集、鉴别、整理和初加工的基础上，运用定性和定量方法对其中的相关内容信息进行评价与综合，并形成新的信息产品的智能活动。文件信息分析是其中一个子集，因而与其他类型信息分析在方法上具有共性，如都要用到逻辑学的方法、系统分析的方法、图书情报学的方法、社会学的方法与统计学的方法等，但也有区别和差异：一是由于文件信息分析的主要对象是文件和档案，这种信息更强调真实性和可靠性，因而鉴别的方法和要求不同，如文件信息的去伪存真可以通过印章等外部特征，而图书情报信息主要通过内容特征；二是与其他文献信息相比，文件（档案）信息的传播方式和公开程度是不同的，因而对信息分析的主体和场所有一定的限制，使得不同的人员在获得数据的质和量上有较大差异性，这就直接影响信息分析方法的选择和效果，如数据量大、质量高时，就可以采用统计分析等定量方法，而信息不够并且模糊时，就只能运用定性的推测和预测方法。从本质上讲档案文献编纂方法就是建立在文件信息分析方法基础之上的，或者说广义的文件信息分析包括档案文献编纂，因此基于资源维度的这一研究方法对于档案学人来说应该不会陌生。

（2）档案信息服务方法

信息服务指基于用户研究和有效的信息组织，将有价值的信息传递给用户，以协助其解决问题的过程。方法则是信息服务的途径和手段，常用的信息服务方法有信息咨询、信息导航与指南、联机、脱机或手工查询、展览与报道、信息翻译与解读、信息复制与拷贝等。档案信息服务方法虽然与之大同小异，但也有其特殊性，突出表现在提供利用的控制方法上，这里的控制包括两方面，一是利用权限的控制，二是信息可用性的控制。控制是为了更好地服务，一方面，良好的控制有利于保证信息的完整性和真实性；另一方面，适度的控制不但不会限制服务，反而能促进服务，只有信息拥有者感觉到了安全可靠，能为自己所掌控，才会积极提供利用，否则只会束之高阁、严加守护。正因控制方法的研究和运用不到位，在网络与数字环境下，档案信息服务与图书馆服务的差距日益扩大，这是因为大多数档案馆仍然提供的是大众化信息服务，而为了档案信息的安全和可控，所谓"大众化"就成了空头支票，只有寥寥可数的信息可资利用，而且还是经年不变的内容，为此，我们在本书中就提出数字环境下档案机构可利用论坛、博客、即时通信乃至无线通信设备等方式提供小众化信息服务，以增强范围和质量上的可控性，通过理念与方法的革新，来提高档案信息服务的层次和水平。

3.归于管理方式的方法

（1）文件计量分析方法

文件计量分析是指通过对特定范围内具有某个（或某些）特征的文件（档案）进行统计，分析其量的变化和发展趋势，并建立这些趋势与机构职能活动之间联系的过程。而在文件计量分析中所发现的，可以套用于管理活动的公式和规律就是文件计量方法。

目前对文件计量分析的研究还不多见，其方法的提出自然会遭到质疑和非议，但从管理实际需要和档案管理理论研究的发展来看，是十分必要也是有一定可能的。一方面可以作为科技文件（档案）管理的依据，由于这三类文件在管理程序和利用权限上有一定的区别，发现规律可以科学地指导档案人员介入的时间和方式；另一更重要的方面，通过文件计量分析发现的规律对于管理资源的配备有着积极的意义，在人员的调动和资金、物质的保障上能做到更为科学和理性，而不是以往的全凭经验或估计。如通过大量的分析和数据支持，可以对一般新产品的研发周期进行准确预测，并可将这个周期进行阶段划分，掌握每个阶段的各类人员配备的规律，这样，人才的引进就不会显得过于随意和不知所措了。

文件计量分析对于机构管理理论也是可用的，如对职能部门在一定时期内下行文和上行文的比率分析，可以研究与推定该机构职能和地位的对应关系；又如通过对机构发文主题词重复率的分析，可以判定该机构的核心职能；再如联合发文分析，若联合发文占本部门总发文量的50%以上，可视为综合性管理部门。当然，由于暂未掌握足够的数据，上述推演实为一大胆的假设，主观臆断成分大于科学实证依据，但不失为一种思想的火花，或许能引出价值不菲的玉石真金。

文件计量分析方法与图书情报学的文献计量方法有主要区别：虽然两者都是对文献的某一属性和特征进行统计分析，但分析的文献类型不同，文件计量分析的对象限于文件与档案，后者则主要是图书和期刊；两者的研究目的不同，文件计量方法是为了分析社会与机构管理职能和活动规律，而文献计量方法主要用于分析科学研究活动，如用于发现文献内容的价值规律、评价文献和研究成果的质量等。

文件计量分析法与档案统计主要区别也在于出发点和目的不同，从而统计数据的采集与需求也就有所不同。前者是基于管理方式的视角，要发现文件的量与社会、机构管理活动的关联，主要统计对象是具有某种特征或某个范围之内的文件或档案；后者是出于对档案工作情况的掌握，主要统计对象是馆（室）藏档案资源、人员、设备和建筑等，收集的数据也相对更为宏观。

文件计量分析法与文件信息分析的区别在于：文件计量法是对文件类型或特征的统计和分析，在考查量的变化的基础上，对文件生成者（单位）进行职能分析，以优化管理程序、提高管理效率，因而属于管理方式维度；而文件信息分析是对文件内容的加工和分析，其结果是产生新的信息———一种可资利用的半显性资源，或是实现对其他管理资源的信息保障，所以位于管理资源维度。

（2）文件生成流转方法

这是管理方式维度档案学的重要方法，文件生成流转方法总体而言是一个跨学科的范畴，传统的文件生成流转方法是文书学和行政管理研究的主要内容，而数字时代的文件生成流转方法则是电子政务和电子文件管理研究关注的重点，此外由于流转依赖信息传播渠道，对传播学相关知识的掌握也是十分必要的。

（三）主体塑造

管理维度空间的档案管理理论研究，首先需要研究主体具备相应的思维方式和研究理念，只有在认识并深刻理解管理维度空间档案管理理论研究的重要性和发展潜力及其在提升学科和研究主体中有巨大价值的前提下，才能积极主动地以此为指导，去熟悉、研究与建构相关理论与研究体系，可见理念是主体塑造的首要内容。

所谓理念，在哲学上是指一种理想的、永恒的、精神性的普遍类型。但一般理解为人们对所从事工作的一种基本信念，也指对事物的明确的基本认识。理念属于观念的范畴，但是一种体系化的具有一定稳定性的观念，能对主体的一般观点、看法和想法产生影响。可见理念的获得和形成不是一蹴而就的，需要通过长期的影响和努力养成，其作用发挥更是一个日常、反复、持久的过程。管理维度空间档案管理理论研究的理念养成包括两种类型主体，一类是研究者自身，他们是直接决定研究广度和深度的主导性力量，其理念的养成能在理论和实践领域有基础作用和导向功能；另一类是实践者，他们是理论的推行者与检验者，其理念的养成能增强执行的自觉性和积极性，并能在一定程度上促进成果转化和优化。

促进理念养成的途径主要有输入和挖掘：前者是指通过解释、说明、引导、示范等外在影响，让研究主体认识、理解、领悟并形成目标理念；后者是指通过发现、提取、抽象等方式，让研究主体意识到自身业已存在的理念相关因子和元素，进而将潜在的意识转化为内在的自觉。具体到管理维度空间档案管理理论研究，在起步阶段输入是主要的方式和途径，能较快地让理论者和实践者摆脱传统模式的束缚，形成大管理的思维和理念，进而明确管理维度理论对于档案管理理论研究的功用及其与档案管理理论研究的互动关系，而随着影响的扩大，特别是在理论向实践推广期间，就要加大"挖掘"的力度，让相关研究与成果得到更多的认可和认同。

第三章　档案管理工作的主要内容

第一节　档案的收集与整理

一、档案的收集

（一）档案收集的含义

档案收集是档案管理过程的首要环节，标志着文件性质的变化和档案自身运动的一个阶段。档案收集工作的质量，直接影响档案的整理、鉴定、保管及统计工作的质量和效率，进而影响档案的社会服务质量和效益。

研究档案收集，有利于促进对入口阶段档案管理的方法变革和理念创新，是其他管理环节研究的条件和基础，并与这些后续研究紧密衔接、有机互动，对档案收集的研究极具实践指导意义，能促进和夯实档案资源的积累，为档案的保管、整理乃至提供利用奠定基础，是档案信息资源开发的前提。

档案收集就是按档案形成的规律，把分散的材料接收、征集、集中起来。按照规定，通过例行的接收制度和专门的征集方法，把分散在各机关、部门、个人手中和散失在社会上的档案，集中到机关档案室和国家档案馆进行科学管理的一项业务环节。档案的收集工作可以分为两大部分：第一，对单位的档案室来说，主要是按期接收归档的文件和进行必要的零散文件的收集；第二，对各级各类档案馆来说，主要是接收档案室移交的档案，接收撤销机关档案和征集历史档案。收集工作不仅是档案部门取得档案的手段，也是开展其他业务活动的前提。

（二）档案收集工作的内容

档案收集研究的主要内容是档案收集的基础和原理，具体包括对档案收集工作的内容、意义和要求的研究，文件的归档研究，收集的步骤、阶段和方法研究等。

档案收集工作的内容主要有以下三个方面：

1）机关、企业、事业单位档案室对本单位需要归档档案的接收；

2）档案馆对所辖区域内现行机关、企业、事业单位和撤销单位的具有永久、长期保存价值的档案的接收；

3）对中华人民共和国成立以前各个历史时期形成的档案的接收和征集。

档案收集工作不是一项简单的事务性工作，而是一项政策性、业务性很强的工作。一方面，档案收集工作具有明显的选择性。文件转化为档案是有条件的，在档案收集工作中必须严格把握这些文件，在归档和接收过程中认真筛选。档案选择是按照档案部门收藏范围的设计合理并全面进行的。另一方面，档案收集工作受档案形成者档案意识水平、价值观以及档案部门保管条件等多种因素的制约，需要综合研究、统筹规划，提高档案收集工作的质量。

（三）档案收集工作的地位

档案收集工作在整个档案管理中处于特殊地位，做好此项工作对整个档案管理工作具有重要意义。第一，档案收集工作是档案馆、档案室取得和积累档案的一种手段，它为档案工作提供了实际的物质对象，是档案业务工作的起点。第二，档案收集工作是实现档案集中统一管理的重要内容和重要的具体措施。第三，档案收集工作质量的高低，会直接影响到档案业务工作的其他环节的质量。第四，档案收集工作是档案部门与外界各方面发生联系的重要环节之一，这是一项政策性强、接触面广、要求较高的工作。

（四）档案收集的基本形式

档案收集是档案馆（室）取得和积累档案及有关资料的一项工作，是档案管理工作的重要环节。其手段主要有接收、征集和寄存三种形式。按照法定的原则、程序和规定的制度移交和接收档案，是档案馆和档案室补充档案资源的最基本形式。其基本内容包括两个方面：

1）各级国家机关和各种社会组织的档案室，按照规定接收本机关业务部门和文书处理部门办理完毕移交归档的文件；

2）各级各类档案馆依据国家法律和有关规定接收现行机关和撤销机关的

档案。

接收的范围和要求：

1）档案室接收本机关工作活动中形成的具有保存价值的各种门类和载体的档案，包括科学技术档案、会计档案等各种专门档案，录音带、录像带、照片等各种特殊载体的档案。

2）各级档案馆接收本级各机关、团体及所属单位具有长远保存价值的档案，以及与档案有关的资料。各个国家档案馆保管接收档案的范围不尽相同，有些国家的档案馆只接收具有永久保存价值的档案，有的也接收定期保管的档案。中国省级以上档案馆接收具有永久保存价值的、在立档单位保管已满20年的档案，省辖市（州）和县级档案馆接收永久和长期保管的、在立档单位保管已满10年的档案。

3）档案室和档案馆正常接收的档案，要求齐全并按规定整理好，进馆档案应遵循全宗和全宗群不可分散的原则，保持原有全宗的完整性及相关全宗的联系性。

征集流散在各机关、各部门、个人与国外的有价值的各种历史档案和相关资料是档案馆收集工作中必不可少的补充手段，分为非强制性和强制性两种。一般采取在协商的基础上，通过复制、交换、捐赠、有偿转让等方式，将档案集中到档案馆；在特殊情况下，集体和个人所有的对国家和社会具有保存价值的或需保密的档案，当其保管条件恶劣或者由于其他原因被认为可能导致档案严重毁坏和不安全时，国家可将其收购或征购入馆，也可代为保管。

寄存一般是通过协议的形式将档案存放到档案馆。寄存档案的单位或个人不失其所有权，并享有优先使用权以及能否准许其他人利用的决定权。已保存在博物馆、图书馆、纪念馆等单位的，同时也是档案的文物或图书资料等，一般由其自行管理。

（五）档案收集的制度

1）档案收集包括档案的接收、征集以及网络数据采集等方式；

2）凡是对各项事业发展有参考利用价值的各类原始材料都属于档案收集范围；

3）任何个人都不得以任何理由拒绝向区档案馆归档移交有价值的档案材料；

4）档案材料收集应该形成定期送交制度和联系催要制度。

二、档案的整理

（一）档案整理的含义

档案的整理工作，就是将处于零乱状态的和需要进一步条理化的档案进行基本的分类、组合、排列和编目，组成有序体系的过程。在档案管理活动诸环节中，收集是起点，利用是目的，而整理则是承上启下的关键。科学系统的档案整理不仅有助于档案的鉴定，是妥善保管的前提，为档案统计工作打好了基础，是档案提供利用的必要条件，还能在一定程度上促进档案的收集工作。

档案整理研究是档案管理理论的核心，有利于优化档案整理工作，加强文件档案之间的联系，充分体现档案的性质和特点，进而激活和发掘档案的利用价值，促进档案信息资源的开发，提高档案整理的科学化和标准化水平。在直接影响着整理实践的同时，档案整理的研究对档案管理其他环节理论和技术的发展也有着不可忽视的作用，能促进对档案管理全过程研究的良性发展和总体优化。

档案整理研究主要包括档案整理理念、内容与方法等方面，具体如档案整理工作的原则和意义研究，全宗的界定和应用研究，立卷、分类、组合、排列、编目的程序和方法研究等。

（二）档案整理工作的内容

档案整理工作包括区分全宗、全宗内档案的分类、立卷（组卷、卷内文件的排列和编号、填写卷内目录和备考表、拟写案卷标题、填写案卷封面）、案卷排列和编号、编制案卷目录等业务环节。

按照我国文书工作和档案工作的管理体制与分工，档案整理工作是分阶段进行的。其中全宗内档案的分类、立卷、案卷排列和编制案卷目录等业务环节，一般由文书部门或文书人员承担，即文书立卷；归档案卷的统一编号和排列由档案室承担；全宗的划分和排列多由档案馆承担。在某些特殊情况下，如当档案室（馆）接收到整理质量不佳或基本未经整理的零散档案时，就需要对档案进行局部的或全部程序的整理。

1. 系统排列和编制案卷目录

这种情况是指档案室对接收的已经立卷归档的案卷，按照本单位档案的分类和排列规则，进行统一的分类、排列和编号，使新接收的案卷同已入库保存的档案构成一个整体。

2. 局部调整

这种情况是指对已经接收进档案部门的部分质量不合格的案卷所做的局部改动和调整工作。

3. 全过程整理

这种情况是指档案部门对于接收到的零散文件所进行的从区分全宗到编制案卷目录的全部整理工作。

（三）档案整理工作的基本原则

档案整理工作的基本原则是保持文件之间的历史联系，充分尊重和利用原有的整理成果，便于保管和利用。

1. 保持文件之间的历史联系

保持文件之间的历史联系，是档案整理工作的根本性原则。文件之间的历史联系是文件在产生和处理过程中所形成的内部相互关系，也被称为文件的"内在联系""有机联系"。在档案整理工作中保持文件之间的历史联系，其目的在于使档案能够客观地反映形成者的历史面貌。文件之间的历史联系主要表现为以下四个方面。

（1）文件在来源上的联系

文件的来源一般是指形成档案的社会主体（组织和个人）。同属于一个形成者或同类型的文件在来源上有着密切的联系。因为不同来源的文件反映不同形成者历史活动的面貌，所以整理档案时必须首先保持文件在来源上的联系，也就是说，档案不能脱离其形成单位，同时，不同来源的档案也不能混淆在一起。

（2）文件在内容上的联系

文件的内容一般是指其所涉及的具体事务或问题，同一个事务、同一项活动、同一个问题所形成的文件之间必然具有密切的联系。整理档案时，保持文件之间在内容上的联系，有利于完整地反映其形成者各种活动的来龙去脉和基本情况，也便于查找利用。

（3）文件在时间上的联系

文件的时间一般是指其形成的时间。整理档案时，保持文件之间在时间上的联系，有利于体现其形成者活动的阶段性、连续性和完整性。

（4）文件在形式上的联系

文件的形式一般是指其载体、文种、表达方式以及特定的标记等因素。不同形式的文件往往具有不同的作用、特点和管理要求。整理档案时，保持文件在形式上的联系，有利于揭示文件的特殊价值，便于档案的保管和利用。

2. 充分尊重和利用原有的整理成果

充分尊重和利用原有的整理成果是指后继的档案管理者要善于分析、理解和继承前人对档案的整理成果，不要轻易地予以否定或抛弃。在整理档案时充分尊重和利用原有的整理成果应该做到：第一，在原有整理成果基本可用的情况下要维持档案原有的秩序状态；第二，如果某些局部整理结果明显不合理，可以在原来的整理框架内进行局部调整；第三，如果原有的整理基础的确很差，无法实行有效管理，可以进行重新整理。但是，重新整理时应尽可能保留或利用原有基础中的可取之处。

3. 便于保管和利用

整理档案时，一般情况下，保持文件之间的历史联系与便于保管和利用之间是一致的。但是在某些特殊的情况下，二者之间可能会发生一定的矛盾。例如：产生于同一个会议的档案，有纸质文件、照片、录像材料，还有电子文件等，它们的保管要求各不相同，在整理时就需要综合考虑各种因素，在保持文件之间历史联系的前提下，采取分别整理的方法，以利于档案的保管和利用。

第二节　档案的鉴定与保管

一、档案鉴定工作的内涵

（一）档案鉴定工作的含义与意义

档案鉴定工作包括档案的价值鉴定和档案的真伪鉴定两个方面的内容，目前档案界所称的档案鉴定主要是指档案的价值鉴定，即各个档案机构按照一定的原则、标准和方法来鉴别和判定档案的价值，确定档案的保管期限，并据此销毁已失去保存价值的档案的工作。

在档案管理中，开展档案鉴定工作有着十分重要的意义，具体表现在以下几个方面。

1. 便于明确档案是否需要进行保管以及保管的年限

档案鉴定工作是十分严肃的，一方面，对档案进行鉴定有比较大的难度，要持续地对文件的保存价值进行甄别，并对文件的保管期限以及所属案卷进行划定，实际上是对某一特定文件在未来是否具有重要的作用进行预测。但是，这种预测要做到完全准确是极为困难的，可档案鉴定工作又要求这种预测尽可能准确。因此，档案鉴定工作者必须具备较为完善的有关档案鉴定的专门知识，并具有较高的档案鉴定能力。这样一来，他们就能够借助于档案利用反馈信息，对各种文件今后发挥的作用，作出准确的估计，从而确定销毁和保管的年限。因此，档案鉴定工作是决定文件存在和销毁的工作，也是它与其他管理环节不同的一个重要方面。另一方面，由于档案是不同的组织和人物在特定的历史活动中形成的原始记录，所以档案馆（室）所保存的档案，大多数是不重复的，这是档案部门与图书、情报、资料单位的区别之一。如果对文件的价值判定不准确，错误地销毁了有用的档案，将会造成难以弥补的损失。在整个档案工作中，档案鉴定工作以其难度较大和严肃性强而显得十分突出，因此开展这项工作必须十分慎重和认真。

2. 便于应对突然事变

突然事变主要是指水灾、火灾、地震、战争等天灾人祸。如果不开展鉴定工作，致使档案材料主次不清，混杂在一起，一旦发生突然事变，不易及时抢救重要的档案，甚至"玉石俱焚"。通过鉴别档案的价值，区别主次，有利于在必要时有重点地保护和抢救档案，力求它们的完整和安全，并尽可能地减少档案的损失。

3. 便于查找利用有价值的档案

对档案进行保存，一个重要的目的就是便于对档案进行利用。若是不论档案是否具有价值都存放在一起，人们查找需要的档案（有价值的档案）时会十分困难。因此，很有必要开展档案鉴定工作，对有价值的档案进行保存，这样人们在查找档案时便会较为容易。

（二）档案鉴定工作的内容

通常而言，档案鉴定工作要包括以下几方面的内容。

第一，制定鉴定档案价值的统一标准及各种类型档案的保管期限表。

第二，具体分析档案的价值，划分和确定不同保存价值的档案的保管期限。

第三，挑出无保存价值的文件或档案予以销毁或作相应的处理。

（三）档案鉴定工作的原则

在展开档案鉴定工作时，需要遵循一定的原则，具体来说有以下几个。

1. 利益性原则

档案作为一种历史文化财富，是属于整个国家和人民的，而且档案的存在与作用发挥关系到国家各方面的利益。因此，在开展档案鉴定工作时，必须遵循利益性原则，即要站在国家和人民的整体利益的角度对档案的价值进行衡量，绝不能以个人的好恶和小团体的利益为准则来衡量档案的价值。

2. 全面性原则

档案鉴定工作的全面性原则，具体表现在以下几方面。

（1）要综合档案的各个方面对档案的价值进行判定

实际工作中形成的文件，其构成要素是不尽相同的，大量文件因其内容重要而具有较高价值，而在分析档案价值时通常应结合文件的来源、形成时间等因素才能获得比较正确的认识。同时，有的文件或因时间久远，或因载体特殊，或因有名人手迹等因素而价值增高，因此在分析档案价值时只有全面兼顾文件的内外特征，才能准确判定档案的价值。

（2）要全面把握被鉴定档案与其他档案之间的关系

各个单位、各项工作中形成的文件之间具有密切的联系，因此在鉴定档案时，不要孤立地判断单份文件的价值，而应将有关的文件材料联系起来分析，然后再作出判断。只有这样，才能准确理解档案的内容和用途，从而对其价值作出正确的判断。

（3）要对档案的社会需要进行全面预测

档案能够对社会的多种需要进行满足，而且社会对档案的需要也是多角度、多方面的。也就是说，某一档案对某个单位来说具有利用价值，但对其他单位来说则没有利用的价值；对某一方面意义不大的档案，可能对其他方面具有重要的查考利用价值等。这就决定了档案鉴定工作要综合考虑社会多方面的需要，切忌只根据某个方面的需求来判定其价值。

3. 历史性原则

档案是人类从事实践活动的产物，其形成依托于一定的历史环境。也就是说，档案的内容、形式与其形成的历史条件有着密切的联系。因此，在对档案的价值进行鉴定时，要将档案放到它所形成的历史环境中进行分析，并结合当前和将来的利用需要来考虑其保存价值。

4. 发展性原则

社会对档案的利用需求是动态变化的，而且档案的价值具有一定的时效性和扩展性。因此，在对档案的价值进行鉴定时，要有发展的眼光，既要看到其现实作用，又要看到其长远作用，继而对档案的价值进行科学预测。

5. 效益性原则

这一原则指的是在对档案的价值进行鉴定时，要考虑到收益与付出之比。只有当档案发挥的作用超过因保存档案所付出的代价时，才能判定其具有保存价值。

6. 规范性原则

这一原则要求机构、组织开展档案价值鉴定工作，应自觉遵从国家法律、法规有关规定进行。机构、组织及各级各类档案管理部门开展档案价值鉴定工作，应依据《中华人民共和国档案法》《中华人民共和国档案法实施条例》《机关文件材料归档范围和文书档案保管期限规定》，各专业主管部门制定的相关实施细则、部门规章，地方人大和人民政府制定的行政规章、行政法规等规范性文件中的有关规定执行，并注意遵循"法无规定即禁止"的原则要求。

（四）档案鉴定工作的标准

档案的价值具有客观性，而人们在对档案的价值进行鉴定时，却有着很强的主观性。因此，为保证档案鉴定工作的科学性、客观性和准确性，必须制定档案鉴定工作的标准。具体而言，档案鉴定工作的标准应该包括以下几个方面。

1. 档案的来源标准

档案的来源是指档案的形成者，档案形成者在社会上以及机关内的地位、作用和职能可以影响甚至决定档案的价值。根据来源标准对档案的价值进行鉴定时，以下几方面应特别予以注意。

第一，要注意区分不同的作者。一般情况下，主要保存本单位制成的文件。对于外来文件，则应具体分析来文单位与本单位的关系，以及来文内容与本单位职能活动的关系。通常情况下，有隶属关系机关的来文比非隶属机关的来文更能引起重视；针对本机关主管业务的、需要贯彻执行的文件比非本机关主管业务文件价值要高。

第二，要分析本单位制成的文件的作者的职能。在本单位制成的文件中，单位领导人、决策机构、综合性办公机构、主要业务职能机构、人事机构、外事机构制发的文件能够比较直接地反映本单位的主要职能活动和基本情况，因而具有长久保存价值的文件比例较高；而一般行政事务性机构、后勤机构及某些辅助性机构所制发的文件中具有长久保存价值的比例则比较低。

第三，要分析档案馆接收对象的地位和作用。档案形成者的地位、作用和职能情况是各级各类档案馆确定档案收集范围的基本根据。一般来说，一个地区党政机关的档案，在本地区影响较大的、具有典型性和代表性的单位的档案，以及著名人物的档案等价值较高，长久保存的比例较大；而基层单位形成的档案和普通人士形成的档案，其价值则较低，长久保存的比例较小。

2. 档案的职能标准

在对档案的价值进行鉴定时，依据其职能标准就是依据立档单位在整个政府系统中所具有的地位及其重要性。也就是说，最高级别的机关所形成的档案相比一般机关所形成的档案具有更大的价值。同时，立档单位的级别与地位不同，其所形成的档案的保管期限也会有一定的差异，通常是级别越高所保存的永久档案越多。此外，机关档案部门在保存档案时，要尽可能确保其能够对本机关的存在、发展以及历史作用进行证明，能够对本机关的职能起到凭证或评价的作用。也就是说，机关档案部门所保存的档案能够充分反映本机关的发展演变及其职能演进。

3. 档案的内容标准

档案的内容指的是档案所记载的事实、现象、数据、思想、经验、结论等，其最能体现档案的价值。在依据内容对档案的价值进行判定时，除了要分析档案内容的真实性、完备性外，还要注意分析以下几个方面。

第一，分析档案内容的重要性。档案是对既有事实的记载，而这些事实本身的重要程度直接影响档案的价值。一般说来，反映方针政策、重大事件、主要业务活动的文件比反映一般性事务活动的文件重要；反映全面情况的文件比反映局部情况的文件重要；反映本单位主要职能活动、中心工作和基本情况的文件比反映非主要职能活动、日常工作和一般情况的文件重要；反映典型性问题的文件比反映一般性问题的文件重要。在工作、生产、科学研究、维护权益以及总结经验方面具有凭证、查考作用的档案，具有较高的价值。

第二，分析档案内容的独特性，即分析档案是否具有独特的、新颖的内容。事实证明，越具有独特且新颖内容的档案，其对利用者的吸引力就越大，价值自然也越大。此外，档案内容的独特性要求档案馆（室）在保存档案时，要最大限度地减少馆藏档案的重复现象，为此必须控制普发和多发文件进馆。

第三，分析档案内容的时效性。档案作为处理事务、记录事实、传递信息的手段，在行政上、业务上等都具有一定的时效性。档案的时效性也对档案的价值产生直接影响，因此在鉴定档案价值时，应该通过分析文件内容的时效性及其变化情况来判定文件价值。

4. 档案的形式标准

档案的价值在某些情况下与其自身形式具有一定的关系，因此档案的形式也是对其价值进行鉴定的一个重要依据。这里所说的档案的形式，主要包括以下几方面的内容。

第一，文件的名称既影响着文件的作用，也对文件的价值具有一定的影响。通常而言，能够对重要的方针政策、重大事件等进行反映，具有较高权威性的文件的价值较大，如命令、决定、纪要、条例等；而用于对一般事务进行处理的文件的价值相对来说比较低，如简报、通知、来往函件等。

第二，文件的形成时间对档案的价值也有一定的影响。年代越久远的档案，其价值就越大。这是因为，档案产生的时间越早，能够保留下来的就越稀少。此外，在国家或机关重要历史时期形成的文件具有特殊的保存价值。

第三，文件的稿本，即文件是草稿还是定稿，是正本还是复印本等。文件的稿本不同，其保存价值也会有一定的差异。比如，草稿、修正稿都不是定稿，从法律上来说并不具有效力，因而通常没有保存的必要。但是，在某些情况下，如国家重要领导人直接对草稿、修正稿进行了修改与批示，这样的草稿、修正稿则需要进行保存。

第四，文件的外观类型，即文件制成材料、记录方式、笔迹、图案等，它们的特殊性在一定程度上也影响档案的价值。比如，有些文件因载体材料的独特、古老、珍稀而具有文物价值；有些文件因出自书法家之手或装帧华美而具有艺术价值等。因此，在鉴定档案时，对于外观类型独特的文件要通过具体分析其特殊意义才能判定价值。

（五）档案鉴定工作的程序

在开展档案鉴定工作时，通常而言应遵循下面的程序。

1. 文件归档鉴定

这是各单位对于处理完毕的文件所进行的划定归档范围的工作。归档鉴定所依据的原则是国家档案局发布的《机关文件材料归档范围和文书档案保管期限规定》的内容。各个单位也可以根据国家的规定确定本单位的归档范围。这项工作通常由单位的文书人员或秘书人员承担。

2. 划定文件的保管期限

由于各种因素的影响，同属于一个归档范围的文件常具有不同的保管期限，为此，在确定归档范围之后还需要对文件划定具体的保管期限。这项工作也应由单位的文书人员或秘书人员承担。

3. 档案价值复审

除了永久保存的档案外，其他定期保存的文件在保管期满之后，须对其价值进行复审，以确定是继续保存还是予以淘汰。档案价值复审主要采取两种形式：一是到期复审，即对于短期或长期保管的档案，在保管期满后重新审查其是否确实丧失了保存价值，对保管期满档案的复审周期可以逐年进行，也可以若干年度进行一次；二是移交复审，即档案室向档案馆移交档案时，档案室人员和档案馆接收人员共同对所移交的档案的保管期限进行的审查工作。

4. 销毁无价值档案

对于经归档鉴定和价值复审确认为没有保存价值的档案，应按照规定的手续和方法予以销毁。这项工作通常由档案部门承担。

二、档案保管工作的内涵

（一）档案保管工作的含义与意义

档案保管工作是指在档案入库后所进行的存放、日常维护和安全防护等管理工作。开展档案保管工作，目的是维护档案的完整，并尽可能保护档案不受损害。

在档案管理中，开展档案保管工作有着十分重要的意义，具体表现在两个方面。一方面，档案保管工作有助于对真实的历史面貌进行反映。档案中所记录的是真实的历史，只有将这些档案原件保管好，使这些档案的内容永久保存，不仅能够对历史的原貌进行真实反映，也能够方便党和国家在未来开展工作时对这些档案进行有效利用。另一方面，档案的寿命与档案保管工作具有密切的关系，当保管工作适宜且得当时，档案的寿命会相对延长，反之则会缩短。因此，必须要有效开展档案保管工作。

（二）档案保管工作的任务

档案保管工作的任务，具体来说有以下几个方面。

1. 防止档案的损坏

档案保管工作的基本原则就是"以防为主，防治结合"。"防"是档案保管工作中的根本问题，要防止人为地破坏档案，防止各种不利因素损毁档案，特别是对重要档案、核心档案，要注意重点保护，立足于防，最大限度地消除各种不利因素的影响。

2. 延长档案的寿命

要从保管工作制度、办法以及技术处理措施上，提出保护档案的具体要求，延长档案的寿命，以适应档案长期保存的需要，从而有利于档案的长远利用。

3. 维护档案的安全

档案的安全主要涉及两方面的内容：一方面是档案实体的物质安全；另一方面是档案内容特别是机密内容的政治安全。因此，在开展档案保管工作时，必须积极采取科学有效的措施来维护档案的安全。

4. 建立和维护档案的存放秩序

为了使档案入库、移出、存放井然有序，能够迅速地查找档案，并随时掌握档案实体的状况，档案室（馆）要根据档案的来源、载体等特点，建立一套档案入库存放的规则和管理办法，使档案无论是在存放位置上还是被调阅移动都能够处于一种受控的状态。

（三）档案保管工作的内容

基于档案保管工作的任务，档案保管工作主要包括以下几方面的内容。

1. 正确认识和全面把握档案的安全现状和破坏档案的各种因素

档案的安全现状和破坏档案的各种因素直接影响着档案保管工作的内容。首先，正确认识档案的安全现状包括了解馆（室）藏档案进馆（室）前后的保管措施、保管过程、有无损坏、损坏程度如何等，以便于确定今后的工作目标和工作内容；其次，破坏档案的因素多种多样，表现形式不一，对档案损坏的过程和损坏程度不同，只有全面把握威胁档案安全的各种因素的特点、表现形式，工作才能有的放矢，有针对性地将各种因素对档案的破坏降至最小。可见，正确认识和全面把握档案的安全现状和破坏档案的各种因素，是对工作对象和工作先天影响因素的深入剖析，回答了"管什么""为什么管"的问题，是档案保管工作有效开展的前提。

2. 提供档案保管的基本物质条件

档案安全、妥善的保管，离不开基本的物质条件。基本物质条件的好坏，直接影响着档案的寿命。良好的物质条件保证，有利于档案的长久保存；恶劣的物质条件，则直接危害着档案的安全。

确保档案妥善保管的基本物质条件包括档案库房、档案装具、档案保管的设备、档案包装材料等，这些条件要满足有利于档案长久保存的原则、规范和标准。不同载体的档案，如纸质档案、胶片档案、磁性载体档案、光盘档案、电子文件等，物质材料和形成原理不同，影响其耐久性的因素就不同。因此，在保管中档案库房、装具、设备等基本保管条件也存在较大的差异，尤其对于电子文件，如何在保管中确保其长期可读、可用，已成为档案保管工作的新内容。

3. 制定和完善档案保管的各项制度和标准

制定关于档案保管工作的制度，有利于档案工作者和档案利用者规范自己的行为，明确在档案保管和利用过程中应该做什么、如何做，有何责任和义务，避免人为原因造成对档案的损害，最大限度地保护档案。

档案保管工作标准既有利于工作的规范化，也有助于降低工作成本，减少工作中因人而异产生的对档案保管的变化，还有利于为档案保管创造最佳的条件和环境。在档案保管工作中，从国家层面，到地方各级各类档案馆（室）应形成完整的档案保管工作制度和标准体系，以实现档案保管工作的标准化和规范化，维护档案的完整与安全。

4. 做好日常的档案保管工作

日常档案保管工作从内容方面看，包括防盗、防火、防雷、防震、防水、防潮、防高温、防霉、防虫、防鼠、防光、防尘、防磁、防污染、防腐蚀、防辐射、防汛、防台风、防失泄密、防电子病毒等措施，确保档案绝对安全；从工作地点来看，包括档案库房中的保管和档案库房外的保管，在库房外的保管又可分为在流通传递中的保管和在利用中的保管。在库房中的保管，主要由档案工作人员来完成，而在库房外的保管，则需要档案工作人员和档案利用者共同来实现，因此，使利用者同样以"爱惜"的态度，科学合理地利用档案也是日常档案保管工作的重要内容。日常档案保管工作繁杂琐碎，但又是档案保管的基础性工作，因此，需要档案工作人员精益求精、细心、耐心地来实现。

5. 开展有针对性的档案保护工作

采用专门的技术和方法对受损程度较大、有重要价值的或其他急需修复的档案进行保护，延长档案的寿命，也是档案保管工作的一项重要内容。

对档案产生破坏的种种因素中，虽然有些因素是我们难以控制的，但可以采取相应的保护措施，利用先进的技术，将损失降到最低。比如，通过纸质档案修裱技术能帮助一定程度破损的档案恢复原貌，已成为抢救档案的一项不可缺少的且具有中国特色的专门技术。这些专门的保护措施专业性、技术性较强，且细微细致，需要专门的人才进行操作，需要大量财力、物力的保障，但它在延长档案寿命、保护人类文化历史遗产等方面发挥着重要的作用。因此，每个档案馆（室）在做好日常保管工作的同时，应根据馆藏状况，将有针对性地开展档案保护工作纳入档案保管工作的整体规划。

（四）档案保管工作的要求

档案保管工作的要求，具体而言包括以下几个方面。

1. 注重日常管理工作

在开展档案保管工作时，需要做好档案库房的日常管理工作，包括归档和接收的案卷及时入库；调阅完毕的案卷及时复位；定期进行案卷的清点和检查，发现问题及时处理。只要持之以恒地坚持严格的日常管理，就能保证库房内档案的良好状态。

2. 重点与一般兼顾

档案的保管期限与其自身所具有的价值有着密切的关系，因而在开展档案保管工作时要遵循重点与一般兼顾的要求，对于单位的核心档案、重要立档单位的档案、需要长久保存的档案，应该加以重点保护，延长档案的寿命。同时，对于一般性、短期保存的档案也要提供符合要求的保管条件，确保其在保管期限内的安全和便于利用。

3. 预防为主，防治结合

在档案保管工作中，保护档案实体安全的方法概括起来主要有两类：一是如何预防档案实体损坏的方法；二是当环境不适宜档案保管要求时或当档案实体受到损坏后如何处置的方法。在归档或接收的档案中，实体处于"健康"状态的档案占绝大多数。我们应该采取各种措施，确保这些档案的长期安全。同时，还应该通过加强日常管理和检查，及时发现档案实体出现的"病变"情况，以便于迅速地采取各种治理措施，阻断或消除破坏档案的有害因素，修复被损害的档案，使其恢复健康，预防为主，防治结合，才能全面保证档案实体的安全。

4. 立足长远，保证当前

对档案进行保管，最为重要的一个目的是方便党、国家以及相关单位对其进行利用。因此，在对档案进行保护时，必须充分考虑到档案的利用特别是未来问题，不可只关注眼前方便利用而危害未来的长远利用。也就是说，在进行档案保管时，必须遵循"立足长远，保证当前"的要求，以切实处理好档案的当前利用与长远利用的矛盾。

（五）档案保管工作的物质条件

档案保管工作的有效开展，必须要以一定的物质条件为支撑。档案保管工作的物质条件即档案保管所需的一切物质装备，具体包括以下几方面的内容。

1. 档案库房

档案库房建筑是档案保管最基本的物质条件，是档案保管中长期起作用的因素，其质量直接影响档案保管中各项设备的采用与效果。为此，国家档案局制定了《档案馆建筑设计规范》，作为档案管理机构建设档案库房的标准。

在实际工作中，因受职能、规模、财力等因素的限制，各档案室（馆）在库房建筑配置上不可能完全一致，因此应该分情况解决。档案馆应该按照《档案馆建筑设计规范》的要求建造档案库房；档案室在档案库房的选址或建造上也应该尽量向《档案馆建筑设计规范》的要求靠拢。在无法达到其要求的情况下，也必须满足以下几方面的要求。

第一，档案库房要有足够的面积，开间大小要合适。

第二，档案库房必须专用，既不能与办公室合用，也不能同时存放其他用品。

第三，档案库房必须是坚固的正规建筑物，临时性建筑不能作为档案库房。

第四，档案库房应该远离火源、水源和污染源，符合防火、防水、防潮、防光、防尘、隔热等基本要求。因此，全木质结构的房屋和一般的地下室均不宜作档案库房使用。

第五，档案库房的门窗应具有良好的封闭性。

2. 档案包装材料

档案的包装是非常重要的，它既可以有效地防止光线、灰尘、有害气体对档案的直接危害，也可以减少管理过程中对档案的磨损。现在通用的国家标准的档案包装形式有三种。一是卷皮，它是包装文件的基本方式，分为软卷皮和硬卷皮两种。卷皮不仅是为了保护文件，同时它本身也是案卷的封面，便于查找利用。二是卷盒。采用卷盒来保管案卷在目前是一种比较好的方法，它不仅能够防光、防尘和减少磨损，同时科学的卷盒也便于管理。但是制作卷盒费用较高，因此，一般只对珍贵的档案用卷盒包装。三是包装纸，有些文件可以用比较结实的纸张包装起来，但这只是一种临时措施。

3. 档案装具

档案装具是指用以存放档案的柜、架、箱，它们是档案室（馆）必需的基本设备。档案装具应该坚固耐用、存取方便、密封良好，并有利于防水、防火等，因此最好用金属材料制成。

在档案装具中，活动式密集架在有效利用库房空间、坚固、密闭等方面具有较好的性能。平时可以把活动式密集架各架柜合为一体，调卷时可以手动或自动分开，比常规固定架柜节省近2/3的库房面积。新建库房使用活动式密集架则可比使用常规固定架柜节省近1/3的建筑费用。但是，安装活动式密集架要求地面承重能力较大，还必须考虑整个建筑物的坚固程度以及使用年限等相关因素。

4. 档案保管设备

档案保管设备是指在档案保管、保护工作中使用的机械、仪器、仪表、器具等技术设备，主要有空调机、去湿机、加湿器、温湿度测量及控制设备、报警器、灭火器、电脑、复印机、防磁柜、装订机等。

5. 消耗品

消耗品是指用于档案保管工作的易耗低值物品，如防霉防虫药品、吸湿剂、各种表格及管理性的办公用品等。

档案库房、装具、设备、包装材料和消耗材料在档案保管工作中构成一个保护链条，共同发挥着为档案创造良好环境、防护档案免受侵害、维护档案完整和安全的作用。因此，档案室（馆）在开展档案保管工作时，应根据档案保管的整体要求和自身的情况，本着合理、有效、实用、节约的原则对这些物质条件进行配置。

第三节 档案的检索与编研

一、档案的检索

（一）检索服务的含义

档案检索服务是对档案信息进行系统存储和根据需要进行查找的一项业务工作。档案信息存储是指将档案中具有检索意义的特征标识出来，加以编排，形成检索工具或档案信息数据库的过程；档案信息查找是指利用检索工具或数据库实际搜取所需档案的过程。存储是查找的前提，查找则是存储的目的。

档案检索服务解决收藏与利用之间的环节问题，在成千上万的档案中找出为解决某个问题所需的特定材料。与档案编研服务一样，档案检索也是档案管理工作八个基本业务工作环节之一，但其本质也是一种利用服务方式。它既是开展利用服务工作的基本手段，也是开发档案信息资源的必要条件。

档案信息的网络检索服务已经是当前的时代和社会的必需品。尤其是在新媒体环境下，要利用档案信息必须有高效的检索工具，突破以往档案利用中较难逾越的时空障碍，实现远距离检索，降低检索成本，提高检索效率。

（二）检索服务的特点

在新媒体环境下，网络档案检索在检索方法、检索性能上与传统的手工档案检索相比，具有以下六个特点。一是检索方式新。网络档案检索可以实现档案目录检索与档案内容检索的结合，现场检索与远程检索的结合，档案工作者检索与利用者检索的结合，是一种新的检索方式。二是信息储存量大。网络档案检索针对的是数字档案信息。随着信息存储技术的发展，信息存储载体可以保存海量的数字档案信息，减少信息空间浪费。三是检索速度快。计算机具有强大的数据处理能力，再加上现代检索技术飞速发展，网络档案检索能够做到输入检索词后即刻就会得到检索结果，检索响应速度一般在几秒之内，特别是按专题批量查找档案材料，其快速效果更为明显。四是检索效率高。能够迅速准确地检索到所需档案信息，有较高的查全率和查准率，较低的漏检率和误检率，检索性能大大优于手工检索。五是检索灵活方便。由于计算机系统具有逻辑运算功能，一个设计功能良好的检索系统内检索词之间可以灵活组配。六是检索方便。网络是最有效、最快捷的传播途径。通过互联网或移动互联网，可以为分散的、远距离的网络利用者提供档案信息检索，不受时空和人数限制。利用者不分时间和地点，可随时通过网络查阅各类档案信息资源，寻找关注的档案文献。

（三）检索服务的发展

1. 加强资源建设

充足的档案信息资源是网络检索服务发挥作用的基础和前提，必须大力加强检索系统的资源建设。拥有充足档案信息资源的检索系统才能真正扩大广大社会公众利用档案的途径，乃至使档案与休闲的联系成为可能，从而获得社会效益，得到社会支持。

检索系统的资源建设不仅将馆藏开放档案的目录全部上网，还应加大改革力度，提供更多的全文检索和声像档案资料等特殊档案的检索；不仅限于档案的全文扫描、识别等信息数字化，还要尽快完善对电子档案的收集工作并及时做好信息准备，及时上网；在检索系统所针对的内容上，既要全面揭示和介绍档案机构保存的档案的成分和内容，又要突出特色。

在进行档案资源建设时，要重新认识和审视档案价值的实现。我国档案界根据档案价值实现领域和效果的不同，将档案价值形态分为凭证价值和情报价值。过去我国普遍重视发挥档案的凭证价值，为此提供的检索结果往往是二次信息，作为查找档案原件的线索。而在新媒体环境下，许多利用需求只是对档案信息本身的需求，不再是对原件的需求，即人们不再重视信息承载物的差别，而是注重信息的效用。为适应这种变化，网络检索服务在检索结果中除提供二次信息外，应尽量提供档案全文等一次信息，并充分发掘馆藏有价值的档案信息，让信息流动起来，以发挥情报价值。

2. 提高数据质量

好的检索系统应具有高质量的数据。一是高质量的数据收录范围大，收录信息占馆藏档案信息的百分比高才能全面反映馆藏档案的情况；二是实现多级著录，对于"全宗—类别—案卷—文件"的每一个级别进行著录，同时在检索系统中保持全宗不可分散原则，对属于同一全宗、类别、案卷的档案信息建立有机联系；三是著录项目完整；四是注意及时补充和更新数据；五是提供全文；六是数据量大，一个网络检索服务数据量只有达到一定规模才能真正发挥作用；七是数据准确。应该在档案信息准备过程中制定严格全面的著录标引标准，在档案数据输入过程中严格执行，反复核对确保数据的全面准确。以此为基础，才能在检索过程中为利用者提供翔实准确的检索结果。

3. 优化检索途径

优化检索途径主要包括五个方面。

（1）划分不同利用者层次，提供不同的检索途径

使用网络检索服务的利用者既有熟悉检索方法的专业人员，也有不具备检索知识的普通利用者，为此检索系统的检索途径可以分为不同层次以满足不同利用者的需要。一般可以分为基本检索和专业检索两个层次。基本检索主要面向不具备检索知识的普通利用者，提供关键词、日期等基本的、易于理解和使用的检索途径，检索方式简单且易操作，适用于普通利用者进行快速检索。专业检索主要面向熟悉检索方法的专业人员，以最大可能地提高检准率为目标，其检索途径除基本检索之外，还可以提供档号、责任者、目录号、保管期限、著录级别等专业化检索途径。专业检索用于为专业人员提供更多检索途径和更大的游刃空间，以得到较为细致精确的检索结果。

（2）提供分类检索途径

分类检索途径不是要检索者输入分类号，而是将检索系统全部分类以目录树或列表形式分层次地列出来，最好对每一个类别都有相应介绍。利用者逐层点击分类缩小检索范围。这样通过分类提示引导检索者了解本检索系统的信息内容。分类检索途径对于不能表达自己真正信息需求的网络利用者是一个很好的检索入手途径。

（3）根据实际发展提供新型检索途径

随着时代的发展，档案工作中不断出现新载体、新技术、新方法，这使得档案管理工作中不断出现新的内容，反映在检索系统中就会出现一些新型的检索途径。例如 NARA 网站上的检索系统 ARC（Archival Research Catalog，档案研究

目录）的检索对象是多媒体档案信息，为了提高专指度，"档案原件类型"成为其基本检索途径。该途径以复选框列表形式列出建筑与工程制图、实物、计算机数据文件（包括计算机数据库文件、电子制表软件制作的电子数据表、Email 文件等以统一格式存储的结构化文件，文件中可能含有数字、文本和图形信息）、地图与图表、动画、照片与图片资料、录音、文本材料、Web 网页九项输入条件供检索者选择。在我国网络档案检索服务中，还鲜有类似的检索途径。随着档案种类的日益增多和网络利用需求的增长，增加此类检索途径将是必然的发展趋势。

（4）针对全文内容进行检索

随着网络档案检索服务中一次信息的增长，针对全文内容进行检索的利用需求将不可避免。能针对全文内容进行检索的网络档案检索服务还很少，有些网络检索服务可以针对档案内容中涉及的专有名词进行检索。我国江苏档案网站提供组织机构、地名、人物、会议等与内容有关的检索途径。英国国家档案馆网站的文献检索提供人名、地名、事件、关键词等全文检索途径。应用信息技术可以对档案内容揭示得更加具体和详细。通过计算机自动标引和链接可以实现对档案内容中涉及的组织机构名与人名进行检索的功能，而在传统档案管理工作中是不可能做到对每一份档案涉及的组织机构名与人名全部进行著录标引的。

（5）自定义检索途径

自定义检索途径将所有检索著录项目列出来供检索者选择作为检索途径，检索者选择一种检索途径后输入提问词进行检索。它专指性强、使用灵活。上海档案信息网在档号、正题名、第一责任者三个主要检索途径外，还提供了自定义检索项。检索者可以把起始时间、终止时间、保管期限、密级、数量、主题词、分类号、档案馆代码、记录来源代码、关键词、文件链接等作为检索途径进行检索。

合理设置检索途径，能满足层次不同、档案专业化程度不同的网络利用者的需求。

4.完善检索功能

网络检索服务中，检索功能的完善是至关重要的。检索功能的设计要为检索者提供方便，并使服务更为多样化。完善检索功能需要从检索者的角度考虑如何使得检索者感到更方便，更友好，更省时省力。检索功能主要包括以下八个方面。

（1）布尔逻辑检索

布尔逻辑检索是利用布尔运算符"逻辑与""逻辑或""逻辑非"连接各个提问词，然后由计算机进行相应逻辑运算找出所需信息的方法。它是对检索途径提供组合方式以满足利用者的各种查找需求，提高检索效率。我国网络检索服务多数支持"逻辑与"组合检索，支持"逻辑或""逻辑非"的还比较少。

（2）邻近检索

邻近检索表现在对多个检索提问词的关系限定上。例如在关键词检索途径内将限制的层次进一步细化。在限定条件缺少的前提下，词与词的位置关系是间距为多少个字之内。再如使用某种符号，使提问的词与词之间的顺序与位置固定下来。

（3）辅助索引

辅助索引为利用者提供更直观、方便的检索提问词输入方法。辅助索引以字典方式将某一检索途径的可用项全部列出，机构、人名、主题等可直接从字典中选择检索词，构成检索式。这样既提高了检索式的专指性，也可避免由于输入错误而造成的误检。

（4）通配符检索

这是计算机检索特有的技术，传统档案检索中没有使用的技术。即输入提问词时可以用通配符"_"代表一个字，"%"代表一串字。

（5）范围检索

范围检索是一类限制检索技术。例如可以把检索限定在某一时间段内或某一时间点前后，使利用者只得到最新或某时期的信息；或把检索限定在一定的地理范围内；或者把检索限定在某一类文档范围内以及文档的某些特定的部分中。ARC 在升级后，增加了一项新功能，即在检索结果中，可以针对当前记录所属的上一级著录级别某一项目内的文件进行检索。例如，检索者想找一条肯尼迪总统的档案记录，找到后通过链接访问到该份档案所属上一级案卷单元，发现这个案卷单元还有许多关于肯尼迪总统的档案或许对该检索者有用，这时该检索者可以利用 ARC 提供的功能，只针对该案卷单元进行检索。

（6）截词检索

截词检索就是对提问词进行截断，用其中一个局部进行检索，并认为凡满足这个局部中的所有字符的记录即为检索命中数据。按截断的位置分，截词有前截断、中截断、后截断三种类型。

（7）二次检索

二次检索是针对当前检索结果范围再次进行检索。进行二次检索是为了进一步缩小检索结果范围，有效淘汰多余检索结果，提高检准率。

（8）提问词标准化

我国传统档案检索针对内容检索重视提供主题词、分类号等人工语言检索途径，而在网络环境下，必须为检索者提供关键词等自然语言的检索途径，但在自然语言输入中就会存在提问词不规范的问题，好的检索系统对于利用者输入的提问词能自动进行一些处理。这些处理包括拼写检查、自动识别纠错、同义词提问、联想词提问、概念扩展、词形扩展等。当检索者输入的提问词检索不出结果时，系统提示该词是否错误并提供一个或几个系统认为正确的词供利用者参考，或对该词进行同义词提问、联想词提问、概念扩展。提问词的标准化是通过设置检索系统的各项词典功能来完成的。检索语言的发展方向是把受控语言与自然语言结合起来，向易用化、智能化方向发展。系统后台将提问词进行标准化处理，既是易用化、智能化发展方向的体现，也是实现知识服务的要求。

5. 提供指南和帮助

一个优秀的检索系统必须具备完善的帮助功能。首先是具有检索系统指南，对系统资源进行详细的说明。指南内容一般包括馆藏档案的基本情况，本系统可检索馆藏档案的范围和信息量，特殊档案的类型和信息量，专题数据库的内容和信息量，能提供全文查阅的信息范围等。其次是具有使用帮助，对检索系统的操作和使用进行详细的说明，以方便检索者正确输入提问词和运用各种检索功能。使用帮助最好采用直观的示例说明。最后是设置互动性帮助，设置诸如"网上咨询""查档答疑""预约服务"等帮助功能，针对检索者个别情况予以回复，帮助其中不具备检索能力的人进行检索并提供结果，还可以根据检索者的检索结果完成预约调卷等工作。

6. 增强检索结果处理能力

增强检索结果处理能力主要考虑以下问题。一是确定哪些内容组成要素需要呈现给检索者。为了提高系统的可存取性和响应时间，检索结果一般都分为简要级次和详细级次分级输出。要确定简要级次显示哪些信息、详细级次显示哪些信息，如何分页查看检索结果等。二是呈现多少检索结果。确定一次检索最多能显示多少条检索结果，否则表明检索者的检索条件有待进一步细化，这样可以促使检索者细化检索条件，提高检准率。三是如何排列检索结果。包括按照相关度排序、按照字母表进行排序、按照时间排序、按照利用者或者专家提出的标准进行排序等。有些检索系统可以按不同的方法对检索结果进行排序，检索者可根据自己的需求选择不同的排序方法。四是如何输出检索结果。例如显示、打印、保存检索结果，其中显示可选择每页显示的记录条数或全文阅读方式等，或者以电子邮件方式将检索结果发送到检索者指定邮箱。五是是否需要对检索结果提供超媒体链接。链接到原文、照片、录音、录像，文件形成者，文件著录级别情况等。这既体现了电子档案管理能链接到背景信息的要求，又体现了结合数据库技术与超媒体技术对档案信息进行组织的趋势。六是提供何种后续服务。对于检索到的结果，还可增加一些其他的后续服务，如提供档案原件的网上预约调卷服务，全文信息的打印、复制、保存、下载、格式转换服务等。

7. 强化多媒体技术

在新媒体环境下，信息的形式日趋多样化。表格、照片、图形、图像、动画、声音、影像等形式的档案信息所占比重越来越大。但当前网络中可检索和查看的解密的声像档案信息非常稀少，同时能针对这些多媒体档案信息进行检索的系统极为罕见。

多媒体形式的档案信息内容丰富、形式生动，有利于更好地满足社会档案利用需求及吸引社会利用者对档案的注意力，提供多媒体档案信息的检索是今后网络档案检索服务发展的重点。多媒体档案信息的检索不仅要提供多媒体档案的著录信息和典藏（指保存地点），最好能直接在检索结果中查看多媒体信息内容。这就需要在编制检索系统时强化多媒体技术。

8. 扩大检索范围

由于受体制、空间等因素所限，传统的档案检索对象只限于本档案机构内的特定的信息，跨馆间的检索利用很不方便。当检索系统移植到档案网站上后，这一现象并未改变。我国网络档案检索服务所针对的对象一般都只限于网站建设单位一家的档案信息。这样的检索系统并未充分发挥网络的作用。

网络打破了时空和地域的限制，在新媒体环境下，利用者将不再专门针对某一个档案馆的信息进行检索，而是针对整个网络中全部意义上的档案信息资源。因此，在网络检索服务的建设过程中就要注意网络档案信息资源的整合，要充分发挥网络的作用，打破物理馆藏的界限，扩大网络检索服务的检索范围。例如几个档案馆联合建设一个检索系统，这几个馆网站上的在线查档都指向该检索系统。这是一种检索资源的共享，在档案网站内容建设中检索系统应注重这种资源共享，一方面缓解经费紧张、重复投入的问题；另一方面可以形成合力，扩大档案服务的效果和影响力。

9. 丰富检索系统形式

档案信息检索的范围可能是针对某一个或某几个有限的档案机构所存储的档案信息，也有可能是针对网络内全部档案机构存储的档案信息，检索范围随着网络的普及而扩大。这样，网络档案信息检索可能是确定范围的检索，也有可能是对不特定的范围进行检索。这种检索有可能是在有序的档案信息集合内进行的，也有可能是针对网络中全部或部分无序的信息集合进行的，还有可能先从无序的信息集合再到有序的档案信息集合。

今后档案机构应针对不同的信息组织方式提供不同的检索工具。对以数据库形式组织的档案信息，相应提供网络档案计算机检索系统；但现在许多档案网站对馆藏档案信息没有采用数据库形式而是以静态页面形式进行组织，此时就需要制作专门的站内搜索引擎或利用公共搜索引擎对这些馆藏档案信息进行检索。

二、档案的编研

（一）编研服务的含义

档案编研服务，是档案机构和档案工作者以馆（室）藏档案为基础，以满足社会档案需求为主要目的，按照一定的题目，在充分研究、分析、总结档案内容的基础上，对档案文献进行查选和不同层次的编辑加工，按专题输出档案信息或加工编纂出新的知识产品，主动、科学、系统、广泛地向社会各方面提供和报道档案信息内容，以出版等多种传播形式提供给社会利用的一项科学研究活动。档案编研的成果形式包括编纂档案史料和汇编现行机关的档案文集、图集，编写全宗介绍、大事记、年鉴、组织沿革、基础数字汇编、专题概要等内容的档案参考资料，以馆藏档案为基础参与历史研究和编史修志等。档案编研是档案工作的重要内容，是提高档案馆（室）工作水平的重要途径，是档案信息资源开发的重要组成部分，也是一项法定义务。

　　档案管理工作包括收集、整理、鉴定、保管、检索、编研、统计、利用八个基本业务工作环节。档案编研是档案管理工作八个环节之一，但其本质也是一种利用服务方式。它既是档案馆（室）主动地、系统地、广泛地开展利用服务的一种方式，也是较高层次和具有较高效能的档案利用服务方式。档案编研服务主动对档案信息进行升华，把静态、分散、零散的档案信息通过采集、分析、加工、整理、编辑变成动态、集中、系统的档案信息资源，并通过多种形式直接提供给社会利用，使利用者直接获得全面、综合的信息，缩短利用者收集信息的时间，提高工作效率，在提供利用档案信息的广度和深度上具有更强的实用性。因此，编研成为我国档案学中一门专门的学问，而我国的档案馆通常都设有编研部门。编研是我国档案利用服务工作的一大特色。

　　自 20 世纪 80 年代以来，档案编研服务不断发展。通过编研服务，许多鲜为人知的档案史料公之于众，扩大了档案馆的社会影响；一些零散的档案更加系统化、条理化，为利用者提供了方便；提炼了档案馆藏的精华，拓展了档案利用的渠道。档案编研服务作为具有文化事业机构性质的档案馆工作发展的重要标志，成为保护档案原件和使档案信息长远流传的重要措施，提高了档案资源的利用率，扩大了档案的影响，有助于增强全社会的档案意识。

　　在今天的信息时代，信息过载的同时却有许多人找不到系统化的所需信息。基于档案馆藏编制的、凝聚了专业智慧和研究劳动的档案编研成果对于全面地、集中地、系统地满足特定档案信息利用具有重要意义。

　　随着以互联网为先导和代表的新媒体的快速发展和电子档案增多，档案编研服务与网络环境开始有机结合并形成网络档案编研服务。

　　网络档案编研服务是以信息技术为平台，对档案信息进行编辑、加工、整合，形成数字化编研成果，以电子文件形式通过网络提供给利用者的科学研究活动。网络档案编研服务是档案编研服务与计算机网络相结合的产物，其理念、方法和形式都发生了很大的变化。

（二）编研服务的特点

1. 开放性

　　网络档案编研服务具有传统档案编研服务无法比拟的优势。在以互联网为代表的新媒体环境下，档案编研服务从以往的小作坊式的半封闭系统走向开放。

使得网络档案编研服务具有开放性。

传统档案编研服务从选题、选材等直至出版发行是一个完整的流程和半封闭式的系统。这个流程中的每一个环节的执行都是以档案编研者的思路与取向为主，利用者的意愿并未得到充分的体现，因此服务性没有更好地表现出来。

在新媒体环境下，网络档案编研服务转变为全面的开放系统。编研者与利用者通过网络沟通交流可以很好地结合在一起。编研者可避免工作的盲目性，利用者也不再只是被动地接受编研服务。此外，编研的客体也发生了改变。档案信息不再局限于一个档案馆的馆藏范围内，而是可以通过网络查找分散在各地的与编研主题相关的档案信息。网络档案编研的主体和客体都具有了开放性，便于被公众了解并按需利用。

2. 社会性

满足社会的需要是档案编研服务的出发点和落脚点。网络架起档案编研者与社会之间的桥梁，使得网络档案编研服务具有社会性。其社会性主要表现在四个方面。一是网络档案编研的选题具有社会性。可以通过网络便捷地征求意见，调查民意，考察研究社会对档案信息的需求，提供社会所需的档案信息，从而使选题更加贴近社会，更具有社会意义。二是网络档案编研的选材具有社会性。可以通过网络便捷地获取档案信息。网络的开放性特点，实现了信息资源共享的最大化，为编研服务跨学科、跨行业、全方位发展提供了有利条件。三是网络档案编研成果具有社会性。可以通过网络面向全社会广泛传播。四是网络档案编研方式具有社会性。网络为档案编研的社会化提供了技术平台。可以通过网络实现与社会各方面的互动，使得档案编研更有利于对社会的信息服务。

3. 时效性

传统档案编研以手工抄写、转录加工为手段，抄写速度慢，劳动强度大。编研成果一般以纸质出版物形式出版，要经过校对、排版、印刷及发行诸多环节，出版周期长。

网络的即时性、交互性与超越时空的传播特性大大提高了网络档案编研服务的时效性。网络档案编研充分利用信息技术，使以往的编辑、排版、校对、发行可以同步交叉进行，极大地简化了编研过程。网络档案编研成果一经编辑完成即可上网发布，网络覆盖下的每一个用户都可以成为利用者，发布时效性强。

4.广泛性

传统档案编研成果只有出版物的拥有者及借阅者才能利用，成果传播具有一定的封闭性和局限性。网络可以使编研成果被所有的网络用户利用，从而拓展了档案编研成果的传播范围，使得网络档案编研服务具有广泛性。在网络中，档案编研成果一经在网上发布就可以被所有的用户利用，档案编研成果的作用不再受发行数量的影响，从而使档案编研信息的传输效果发生质的飞跃。档案编研服务可以将各种新媒体形式作为档案编研成果的发布窗口或发布平台，为社会公众主动、集中、科学、系统地提供高层次的档案信息，使世界上的每一个人都有机会接触、了解并利用档案编研成果，享受档案编研服务，最大限度地发挥档案编研服务的作用。

（三）编研服务的发展

1.编研形式的发展

现代技术的广泛应用为档案编研服务带来了飞速发展的新机遇，新媒体环境下的档案编研服务是大有可为的。结合计算机、网络等现代化设备和先进手段可以改善编研服务的条件，及时、有效地开发档案信息资源，缩短编辑加工时间与传递时差并提高编研成果利用的时效性。

新媒体打破了时空界限，创新了档案编研服务的形式。在编研形式上，出现了网络化的发展趋势，即通过网络实现档案信息从提炼、整理、加工、传播、利用到反馈的全过程。它包括在编研进程中，编研者利用网络，借助于即时通信、网络论坛、电子邮件、博客、微博、社交网络等新媒体形式与利用者对话和交流互动，使利用者介入编研前期工作。许多新媒体形式都具有交互性，有利于将传统的档案编研服务的单向信息传播转变为双向信息交流，实现编研者与利用者之间的互动。编研者将自己的编研工作计划、编研选题、编研成果发布于网络上，利用者提出意见与具体要求，从而促使编研者合理地安排编研工作的进度、计划以及选题的取向。利用者甚至直接参与档案编研的整个过程。众多有经验的编研者还可以通过开辟档案编研论坛等新媒体形式，针对编研工作中的重点、难点、疑点展开讨论，共同探讨和研究编研工作，乃至合作完成网络编研。

这种网络化的趋势丰富并更新了编研手段，改变了单一的主观编研的思路和模式，突破传统编研的思维空间，具有互动性、时效性、动态性与灵活性，拉近了编研者与利用者的思维距离，更加符合网络时代人们对信息准确、便捷、时效的要求。

2. 编研选题的发展

档案编研是围绕一定的题目范围，对档案文献进行收集、筛选、加工等一系列活动。其一般过程包括六个主要环节：选题、选材、加工与编排、辅助材料的编写、审核、成果出版和发行。

选题是档案编研的首要环节，决定着档案编研服务的对象群体。网络档案编研的选题广泛，必须兼顾社会各方面的利用需求，准确把握时代的主题和特征，做到立意新颖、视角独特、贴近现实、客观明确。新媒体环境下，编研选题发生如下两点变化。一是可以利用计算机辅助选题。计算机具有自动统计和分析功能，可以根据档案利用的统计数据，对社会信息需求作量化分析，总结出用户的利用状态和利用规律，评测出某一时期的需求动向，为科学选题提供参考。二是可以利用网络辅助选题。网络为档案编研者进行选题提供了一个面向社会、贴近现实的调查研究窗口，可以通过网络搜寻相关信息，了解学术研究与社会的动态，为编研选题提供思路。

3. 编研选材的发展

选材是从大量与题目有关的档案文献中挑选出有传播价值的材料，使挑选后的材料浑然一体，互相之间有内在的逻辑联系，共同阐明编研的题目。

新媒体环境下，编研选题发生如下三点变化：一是在一个档案馆内，传统的编研查阅相关专题的档案费时费力，想要彻底了解馆藏十分困难。而利用计算机检索系统，可以迅速摸清馆藏，有利于档案编研的选题策划和资料摸底。二是可以通过网络对档案编研材料进行远程检索。传统档案编研一般限于一个馆（室）之内。网络档案编研则可利用网络从其他档案馆的馆藏数据库或数字档案馆中进行数字档案资源的采集和传输，实现档案馆际间快速高效的信息交流，促进馆际间档案信息资源的集成与互补，实现资源共享，促使档案资源得到最大限度的开发和利用。三是可以选择网络信息内容作为材料。网络档案编研立足于馆藏但不再仅限于馆藏，而是可以多方收集材料，弥补馆藏的不足。目前，我国县市级以上档案局（馆）均建有自己的档案网站，并对外披露数量不等的可公开档案目录甚至全文信息，供社会共享，这些信息都可以成为编研材料。国际科技界、学术界、出版界、信息传播界为推动科研成果利用网络自由传播而发起的开放存取运动，致力于实现文献信息的共享与最大程度交流，也有益于档案编研的选材。

4.加工编排的发展

网络档案编研的加工编排可以运用现代化技术手段，创新编辑方法，实现半自动化的网络档案编研。

可以利用计算机编辑软件对文档进行数字化的加工和处理，进行复制、迁移、编辑，对档案文稿添加标点、拟制标题、校改文字、加按作序以及对整部汇编进行编排和版面设计，中英文校对软件可快速查找档案信息内容中的文字错误和语法错误等。

可以利用数字化档案实现纸质载体档案信息的转录，用文本计算机录入与图像扫描等方法实现档案信息的原文迁移，也可以利用电子档案直接编研，缩短加工时间，提高时效性。某档案馆的老编研人员曾说，利用扫描仪进行扫描和转换，将他们从烦琐的文字劳动中解放了出来。应用现代技术实现了较短时间内以较快速度编制出图文并茂的编研成果。

利用图文编辑、远程传输，可以快速编排和进行图像裁剪、拼接、图文输入等，远程获取档案信息，从而简化编研工作环节，缩短编研周期。利用电子影像综合处理系统可以加工音频、视频档案，对音频、视频进行剪辑和整理。

通过上述手段，缩短了传统档案编研中加工、编排、校对的周期，提高了工作效率。

5.编研技术的发展

随着计算机技术、通信技术、网络技术、光记录技术、声像技术等现代技术在社会生产和生活中的广泛应用，网络档案编研也开始广泛应用这些技术对档案信息进行处理、存储、传输和提供利用。

功能强大的现代技术和编辑工具为编研者的加工、快速修改、构思创意提供了技术平台。网络档案编研需要较好地融合现有的网络技术、电子文档处理技术、多媒体技术以及数据库技术等，对档案信息进行查找、检索、录入、自动整理、汇总、查错、分发，使编辑、校对和发行等工作得到简化和强化。档案信息的采集、加工整理、编辑、修改到档案编研成果输出的全过程，都可以在已经联网的计算机中完成，实现档案编研服务方式的转变。

在档案馆（室）内部的网络管理系统中，通过"关键词""文件编号"等要素检索，可以快速准确地检索到有关专题的全部档案信息，便捷地编辑制作各种专题目录、文件汇编和参考资料。例如，某档案馆根据人工编纂文件汇编的基本程序和经验，拟制出了计算机辅助文件汇编的基本思路，提炼出了文件自动汇编规则，归纳了计算机辅助编纂文件汇编的基本程序，实现了计算机辅助汇编，大大提高了工作效率。

6. 成果形式的发展

新媒体环境下档案编研的成果形式有了新的变化，这些变化包括数字化、多样化、多元化与系列化。

数字化是指编研成果不再是传统出版物的形式，而是以数字代码形式进行存储和传播。数字化档案编研成果可以将文本、图片、声音、影像、动画等相互分割的媒体集合在一起，将多种形式的档案有机地融合在一起，以更加丰富多彩的形式把编研成果展现给利用者，既提供档案"原件"，又在视觉和听觉上提供全新的感觉。

多样化是指网络档案编研成果载体既包括传统载体，又推陈出新地包括各种新型载体，呈多载体并存局面。除了传统纸质载体外，数字化编研成果载体一般是以拷贝形式独立储存的光盘，或是利用多媒体技术集图、文、声、像于一体的音像制品等，具体包括光盘、磁盘、磁带等。编研成果还可以网络出版物形式出版，如档案目录数据库、档案全文数据库等。

多元化与系列化是指同一编研成果多种出版形式并举，不仅包括书刊等印刷品形式，同时还有缩微品、电子出版物、光盘数据库、多媒体数据库、网上出版物、展览会展板等多种形式。例如中国第一历史档案馆编研的《清宫档案揭秘》，不仅出版了纸质书籍，还提供书籍的在线阅读，同时还有声像形式，不仅以光盘发售，还可以在网上观看。

7. 传播形式的发展

在新媒体环境下，无论档案编研成果是纸质出版物还是网络出版物，或是光盘、磁盘、磁带，要实现档案信息的共享和方便、快捷的利用则必须依靠网络传播。以网络作为传播渠道，是与信息化建设的要求和新媒体的发展密不可分的。编研成果的网上发布更具有时效性、动态性、灵活性。网络简化了传统出版的流程，档案编研信息编辑好后上传到网上，即刻可以被全网用户访问和利用，这种全新的出版方式简化了很多烦琐的环节，缩短了出版周期，从而降低了成本。同时，通过网络可以将融合图、文、声、像的编研成果无损耗地传播给用户，多维度地进行档案信息展示。网络传播还可以增强编研者与利用者的互动性。

现在许多档案编研成果还可以通过网络进行在线销售和在线订购。它既包括通过网络发行纸质出版物，也包括通过网络提供专题数据库、电子出版物、音视频编研成果等。

第四节　档案的利用与统计

一、档案的利用

（一）档案利用的含义

档案利用工作，是档案馆（室）通过各种方式向利用者提供档案、介绍档案情况、发挥档案作用为社会服务的工作。档案利用，可以体现档案工作的根本目的，在整个档案管理活动中占主导地位，既有赖于收集、整理等基础工作的健全，又是对这些环节管理活动成效的检验，利用工作是档案工作变被动为主动的关键，是宣传档案工作、提高档案工作信誉的重要工具。而对用户和社会大众而言，档案利用是满足其多样需求的基本途径。

研究档案利用，一方面有利于更好地指导档案服务和提供利用工作，有利于档案价值的实现，能促进和推动档案管理其他环节的工作开展，进而提高档案工作的效率和效益；另一方面能扩大档案管理理论研究的广度和深度，改善档案管理理论研究的思路和方法，是提升档案管理理论研究地位和影响的有力手段。

档案利用研究的内容主要有档案利用与服务理念研究，提供利用的方式研究，档案用户研究、评价指标和体系研究等。随着社会对档案需求的日益增多，需求层次和水平的日益提升，对档案利用的研究也越发深入和丰富。

首先是中外比较研究。对中西方档案利用理论的发展进行比较，双方的共性在于，早期对利用者范围的限制抑制了利用理论的萌生，史学家对档案利用理论发展作出重大贡献，档案利用理论超越整理理论发展成为档案学的核心理论。

同时，双方也存在形成背景、研究者身份、开放与保密等观点上的差异。

其次是用户研究。在档案利用过程中，主体的利用行为是以利用机制的客观存在为前提的，从社会整体利益和利用者的行为共性出发，对档案利用的规律性和目的性进行理论探索，寻求和论证档案利用合理化的实践方案，并提出了数量维度上的充分利用、质量维度上的有效利用、时间维度上的及时与长远利用、空间维度上的协调均衡利用等方面的策略。

最后是技术与标准研究。对档案利用评价指标进行了探讨研究，可以认为档案利用效果的复杂性和隐含性决定了利用指标的全方位性，并在剖析两个档案利用率公式的基础上，提出了馆藏动用率、档案利用投入产出比、利用拒绝率等其他评价指标及利用指标的选择。

在本体研究方面，社会与档案工作发展的需要，也是加强档案学建设的需要，并认为良好的学术研究环境和广泛的国际学术交流构成了档案利用学的历史机遇期。

档案利用的另一"代名词"就是档案服务，虽然有人认为二者在理念上有所区别，其实质就是一个问题的两个方面，只是前者是从利用者的角度出发的，后者则是基于提供者的视角。关于档案服务的研究同样十分丰富，并呈逐步攀升的趋势。如在分析现代档案用户行为的基础上，力图构建档案资源个性化服务模式，以最大限度地实现档案资源的经济价值和社会价值。

（二）档案提供利用工作的内容

档案馆（室）所开展的档案提供利用工作既包括前台服务，也包括后台的组织与准备，主要包括以下内容：①档案馆（室）工作人员了解和熟悉馆藏档案的数量、内容、成分、价值等基本情况，掌握各种检索工具的使用方法；②档案馆（室）工作人员调查分析和预测社会对档案的需求，把握档案利用需求的趋势；③策划、组织和建立多种提供档案的渠道，积极向档案用户提供各种形式和内容的档案信息及相关资料；④利用各种方式向档案用户介绍和报道馆藏，开展档案咨询服务工作；⑤建立档案利用服务反馈机制，及时了解和掌握利用情况，以及用户的意见和建议。

（三）档案提供利用工作的形式

目前档案提供利用工作的形式主要有以下几种：①向利用者提供档案原件，包括档案阅览室阅读档案、借出原件利用等方式；②向利用者提供档案复制品，包括制作档案副本、摘录，编辑出版档案文献汇编，在报刊、广播、电视和网络等传播媒体上公布档案，制作档案缩微品及音像档案副本等方式；③向利用者提供档案信息加工成品，包括制发档案证明、编写发行档案参考资料和编纂档案史料书籍等方式。

（四）档案提供利用工作的基础条件

档案提供利用工作是档案馆（室）接待各类用户将档案信息输送到用户手中的过程。要顺利实现这个过程，使档案馆（室）具有一定的对外服务的功能，需要具备以下基本条件。

1. 完善的档案管理的基础性工作

档案工作的八项业务环节中，收集、整理、鉴定、保管、检索等是提供利用的基础性工作，档案馆（室）只有建立和完善了这些基础性环节，才能为档案提供利用工作准备充足、有序、优良的档案信息资源。完善这些基础性工作主要包括：丰富馆藏，通过整理和检索工作使档案信息条理化、系统化；通过档案价值鉴定达到档案质量优化；修复破损或字迹褪色的档案，并对珍贵档案采取复制、缩微、刻录光盘等方式替代原件；通过建立检索系统，方便用户的查询等。可见，档案馆（室）要想大力开展提供利用工作，首先要在完善基础性管理工作上下功夫。后台准备得越充分，则前台服务越顺利。

2. 全方位的档案提供利用的立体化渠道

档案提供利用工作实质上是一个档案信息交换、传播的活动。它利用现代信息传播的原理以及信息网络技术，为自己构筑了一个档案信息服务的立体化渠道。

档案信息服务的立体化渠道包括对档案馆（室）已有的纸质文件和音像文件的直接利用渠道、档案馆（室）的平面或立体的展示渠道、新闻与广告传媒渠道、出版发行渠道、网络信息传播渠道等。通过利用全方位、立体化的传播渠道，将档案信息有效地推广到档案利用者中去，充分发挥其作用，也使档案提供利用工作更具灵活性和适应性。

3.适用的利用服务的硬件设施

档案馆（室）的提供利用工作需要一定的场地和设施，为此，档案部门要根据自身的职能、规模和客观条件，进行利用服务的硬件建设，包括设置固定的档案阅览场所，配备必要的阅览、复制及计算机网络设备，以及其他必备的利用服务设施。

4.健全的利用服务的规章制度

为了保证在档案提供利用工作中档案和档案信息的安全，明确档案服务人员与档案用户的责任、权利和义务，规范利用程序与手续，档案馆（室）在开展利用服务之前应制定周密的档案利用服务和利用管理的规章制度。具体包括档案利用服务人员的职责、借阅（归还）档案的手续、档案利用管理、复制档案或开具档案证明、阅览室和展厅及相关设备管理等方面的内容。通过这些制度，一方面可保证档案利用服务的质量，另一方面可维护利用过程中档案的安全。

二、档案的统计

档案统计是以表册、数字的形式揭示档案和档案工作情况的活动。档案统计工作按过程可分为档案统计调查、整理和分析；按对象来划分，包括对档案实体及其管理状况的统计和对档案事业的组织与管理情况的统计。档案统计工作是档案事业的一项基础工作，是对档案管理开展的重要依据，也是有力的监督手段。同时，在科学研究日益注重定量分析的今天，档案统计还是档案管理理论研究的重要措施和基础。因而档案统计工作要求做到准确、系统、及时和科学。

研究档案统计，有利于改进和完善档案统计工作的程序、内容和方式，具有实践指导意义，对档案学理论建设也具有重要价值，一方面为档案学开辟了新的研究视角和空间，另一方面也为档案管理理论研究提供可资借用的方法和手段（主要是定量的方法）。

档案统计研究主要探讨档案统计的原理与方法。具体包括档案统计的意义、任务和要求研究，档案统计调查方案和组织研究，档案统计指标体系研究，统计资料整理的原则与方法研究，档案统计分析方法及运算公式，统计成果的提供利用研究等。

第五节　档案管理的研究对象

一、档案（文件）的属性与特征

属性是指某类事物的性质及与其他事物的关系，档案的属性就是指档案在社会中所表现出来的固有特征。正确认识档案属性和特征有利于厘清档案与相关事物的关系，有利于维护档案的本质要求和真实面貌，有利于认识和指导档案管理活动实践，因而是内容维度档案管理理论研究的重要主题。

属性又可分为本质属性和一般属性（也有学者称之为"派生属性"）。前者是事物固有的，决定事物性质、面貌和发展的根本性质，它是区别一事物不同于他事物的核心所在，而后者则是从不同角度、不同侧面反映出事物的性质和特点，往往具有多方面的界定。准确把握它们之间的区别，是探讨档案管理相关范畴的前提。陈智为就指出，事物的质与属性是多方面的，因此人们认识某一事物的质，应该客观地把握事物各方面属性的总和，而且要抓住与实践紧密相关的本质属性。他认为档案的本质属性可以归纳为原始性、实践性和凭据性。韩宝华也指出，只有切实而深刻地搞清档案的本质属性，才能理解古今中外人们的档案意识，才能科学地解释经得起实践检验的各种具体的档案管理体制与方法，才能按照档案自身的运动规律做好档案工作。他提出原始记录性是档案的本质属性，而信息储备源是档案的基本特征。

二、档案（文件）的功能与价值

（一）档案价值研究

正确理解和把握档案价值，对于完善档案学理论体系和科学地鉴定档案的价值具有重要的理论和实践意义。目前对档案价值的研究主要包括对价值内涵的研究、对价值形态的研究、对价值规律的研究和对价值鉴定的研究等方面。

关于档案价值内涵的研究，郝晓峰提出，档案价值包括自身价值、转化价值和使用价值。其自身价值来源于档案劳动的特征，是转化价值的基础，而转化价值是自身价值的倍数。任宝兴将档案价值观归纳为劳动价值说（认为档案价值是凝结在档案中的人类一系列劳动）、效用价值说（认为档案价值就是档案的有用性）、关系价值说（认为档案价值"就是档案的属性与人们社会需要的统一"，其实质是一种关系范畴）和社会价值说。关于档案价值形态和档案价值规律的研究，所谓档案价值形态，就是指档案价值的具体表现形式，是对各种档案价值具体的抽象和概括。档案价值与档案价值形态之间是抽象和具体、一般与个别的关系；而由于档案价值是客观存在的，档案价值的实现自然也有一定的规律可循，研究和掌握档案价值形态和实现档案价值的规律性，是为了在尊重这些客观存在和规律的基础上，更合理更有效地发挥档案作用。

（二）档案功能研究

对档案价值的研究离不开对档案功能的关注，两者关系密切：前者是档案这一特定事物在与外部的关系中表现出来的能力、功效或作用，而后者是指档案对利用者需要的满足，是人的需要对档案属性的肯定关系，可以说功能决定着档案的价值，而价值实现又使档案功能得以发挥和显现。两者的区别是，价值具有较高的抽象性，具有比较稳定的特征，而功能则相对比较具体，可以根据环境与需求的变化呈现出多种形式。因而，对档案功能的研究更为丰富多样。

档案的功能和价值主要有证实功能和社会价值，指导功能和业务价值，物化功能和经济价值。孔祥云则认为档案具有收集和存储功能、社会历史记忆功能、咨政决策功能、授业与教育功能、学术研究功能、休闲功能等。王萍指出，档案内涵的真实性决定档案的自身价值，并由此产生三个方面的社会功用：是获取信息的主要来源，是编史修志的必要基础，是各项工作的重要依据，具体表现为检测、评价、交流、教育、咨询、决策和凭证等功能。黄红在《关于拓展档案功能的几点思考》一文中提出，档案的功能在日常存放的状态下是潜在的，只有通过档案利用实践才会显现出来，因而要通过档案利用实践去发现和认识档案功能。该文还分析了拓展档案功能的条件，并提出了应通过加大档案工作宣传力度、优化档案结构、以现代化手段促进档案功能的发挥、转变档案人员的观念等措施来拓展档案功能。

档案来源的广泛性和内容的丰富性，决定了档案功能和价值形态的复杂性和多样性，研究档案价值和功能，有利于发现和掌握其特征和规律，进而提高档案工作的科学管理水平，因而内容维度的这一研究对象具有继续拓展和深入的可能和必要。

三、档案工作的发展机遇

（一）大数据的出现给档案管理带来机遇

1.海量档案信息资源管理成为可能

在传统档案管理模式下，档案以"份""件""卷"为单位，大数据时代，档案更多以"字段""数据库"为管理对象。档案的统计单位也由传统的"页""米"转变为以"GB"为单位。新型模式下档案人员的工作职能已不能仅局限于对电子档案的收录、管理和使用，还要去监控电子档案的生成，维护电子档案的可读性和安全性，为满足海量档案信息资源管理的需要，档案管理工作必须在云平台上建立云档案系统，实现计算资源和存储资源的动态扩展。

2.利于档案数据发掘

传统的档案管理以文档管理为主，档案利用基本处于被动搁置的状态，大量的档案资源和数据得不到有效的利用和挖掘，也缺少相关的技术工具支撑。大数据的应用，使档案系统中既包含大量文档，也包含海量的结构化数据，数据的利用效果较之传统文档管理能够得到很大提升。档案机构收集了海量数据之后，在综合调查利用者需求的基础上，建立各种数据模型，并对档案数据进行聚类和分析，找到数据之间的关系，提高档案利用价值。

3.档案管理可拓展性拥有发展机会

面对档案数据的激增，传统档案管理系统已然无法完成实现动态拓展的目标。大数据时代的到来，带来了先进技术手段，使档案管理的可拓展性发展有了机会。云计算技术不仅是大数据时代的产物，也是对计算资源、存储资源进行动态扩展、按需分配的有效手段，档案管理系统只需基于云计算的技术架构进行设计，就可以动态增加计算资源和存储资源，满足服务器的快速扩容及数据量的快速增长，同时大幅降低 IT 系统投资及维护成本。

（二）互联网的发展给档案管理带来机遇

1. 技术手段得到丰富

互联网信息技术的广泛应用，使得档案管理手段呈现多元化的特点，档案管理技术手段日渐丰富，在档案管理系统作用下，大幅度降低了档案管理难度。通过互联网信息技术，档案管理信息输入更加便捷，档案管理人员可以借助检索功能，在最短时间内查找各类档案，分层管理档案信息，很大程度上降低了工作强度。"互联网+"时代的到来，不仅提升了互联网的应用价值，同时也使档案存储形式由传统纸质档案向图片、音频、视频等存储形式的多样化发展，档案信息数据的准确性得到提高，出现多样化的档案管理技术选择平台，全新的档案管理方式增加了档案的分层，加强了档案之间的关联性，这些丰富的技术手段大大提升了档案管理的效率。

2. 档案时效性得到提高

信息化时代，档案的种类日渐增多，档案的时效性也变得越发重要，传统档案管理的周期较长，已无法适应这方面的客观需要，而时效性作为互联网信息技术的显著特征，可以最大限度地提升档案管理的敏感度，实现档案的动态跟踪，让档案信息的更新变得简单、便利。同时，基于互联网信息技术建立的档案管理系统可以将现有的大数据、云处理、数据挖掘技术等进行有机整合，不断开辟全新的档案管理空间，大幅度提高档案管理效率，保障档案的时效性。

3. 服务空间得到拓展

近年来，国家的社会经济飞速发展，社会各类信息呈现爆发式增长，传统档案管理占用的空间较大，空间成本较高。基于互联网信息技术的档案管理系统拥有庞大的虚拟空间，将档案信息储存于计算机系统中，不仅存储成本较低，还方便随时查阅和离线管理。互联网档案管理系统能够打破时间和空间的限制，为管理者和使用者提供远程服务，使档案服务空间进一步扩展。

第四章　专门档案管理工作

第一节　专门档案的内涵

一、专门档案的定义

中国档案学会文书处理和档案室学术委员会对专门档案下了这样的定义：专门档案，是指在某些专业范围内产生，有比较稳定的文件名称、格式和形成规律，有各自的整理和管理办法的各种门类档案的总称。也有一些专家学者对专门档案的定义进行了解释，如专门档案是指除文书档案和科技档案之外的，所有在专门活动中形成的档案，如会计档案、人事档案、诉讼档案、医院的病历档案、婚姻登记和工商注册登记档案等。它具有极强的自我独立性和规律性。人们对专门档案的定义方式和切入点不尽相同，例如，有的采用直接描述型的定义模式，力图指明专门档案的外延特点；有的试图采用揭示型的定义模式，洞悉专门档案的内在规定性；有的采用排除法来定义专门档案；有的则认为"科技档案"也是一种专门档案，而且是"突出的一类专门档案"。

这些专门档案的定义，基本上已经形成了几点认识方面的共识，即专门档案是档案家族中的一大门类，它具有与普通档案不同的一些特点，它的形成规律不同于普通档案。综合这些观点，可以认为，专门档案是人们通过创造性劳动选留并保存下来，具有证据价值和信息价值的专门记录。专门记录是指机关、企业、事业单位及其他社会组织，在从事某些专业性活动时，为了实现相关的职能目标而制作和使用的，具有比较稳定的文种和记录目的的各种载体类型的、归档保存的专门文件（或第一手资料）。

这个两段式的定义主要包括六个方面的内涵。

第一，专门档案是专门文件（资料）中的具有证据价值和信息价值的，经归档固化的部分。

第二，人们只有通过创造性的选留活动才能实现留存专门档案的工作目标。

第三，专门档案形成于人们所从事的各种特定的专业性活动领域。

第四，专门档案具有比较稳定的文件（资料）名称、格式和特有的形成规律。

第五，专门档案具有突出的现实使用价值和工具功能。

第六，专门档案是由专门文件构成的记录证据体系，具有非常重要的专业信息价值。

二、专门档案的共性与特性

（一）专门档案的共性

专门档案的共性是指它同文书档案和科技档案等共同具有的属性，其中主要包括以下几方面。

第一，历史记录性。专门档案是特定专业活动的社会历史记录，是人类社会历史记忆的一个重要组成部分。

第二，原始性。专门档案是与人类从事某项社会活动相伴而生的记录物，无论是其形成过程，还是其所承载的数据、信息内容，都具有原始性的特征。

第三，有机联系性。专门档案是由有密切历史联系或逻辑联系的文件构成的有机生命体，因而具有个体文件或其松散联合体等所无法比拟的整体性功能。

第四，定向积累性。专门档案的形成和积累同全宗里的其他门类的档案一样，首先由其形成者进行必要的集中，然后经过合理地筛选、整理编目后，交由一定的机关档案管理机构或文档中心集中管理，最后将具有长远保存价值的专门档案移交档案馆集中统一管理。

第五，凭证性和参考性。专门档案是有关组织和单位专业性活动过程及其内容的真实凭证，也可以为我们从事有关的专业性活动提供可资参考的丰富的素材。

（二）专门档案的特性

同普通档案相比，专门档案还具有某些个性特征，具体如下。

1. 专业性

专门档案的专业性主要体现在形成领域和内容性质两个方面。专门档案主要是各种单位或组织在从事某些专业性活动时形成的，涉及的社会活动领域比较有限。各种类型的专门档案，都是伴随着一定的专业性活动，并作为这种活动的数据和信息记录而形成的，如房屋普查档案、农业普查档案、工业普查档案、卫生防疫防病档案、审计档案等。专门档案的内容性质也具有明显的专业性，在哪一种专业性活动中形成的专门档案，就真实地反映了那一种专业性活动的客观数据和信息，并成为完成这项专业性活动的必要工具和手段。专门档案的专业性特点，不仅是区分它与普通档案的重要依据，同时也是合理有效地管理好各种专门档案的基本前提和依据。

2. 现实性

人们形成某种专门档案的最初设计（或设想），尤其是人们所从事的各种专业性活动，决定了各种专门档案都具有突出的现实使用价值。

3. 独立性

专门档案的独立性，或称"自我独立性"，是指专门档案有时可以作为各全宗的一个相对独立的部分而存在并发挥作用。每一种专门档案都是围绕着特定的某一项专业活动过程形成的，较为完整、客观地记录了该项活动的有关原始业务数据和信息，因此可以相对独立地起到支撑有关专业性活动正常开展的作用。总之，专门档案在形成过程、内容属性及作用性质等方面，都表现出较为突出的独立性特征。

4. 规范性

专门档案的名称、格式，以及形成过程和内容组织等方面，均具有较为突出的规范性特征。

三、专门档案的利用价值

专门档案的利用价值，是指各种类型的专门档案所含有的数据、信息、知识，对满足人类从事各种相应的专业性管理活动、业务活动、研究活动等所具有的有用性和有益性。这种利用价值的客观存在，是人们自觉地形成、积累和保存管理专门档案的重要驱动力之一。

专门档案的利用价值可以依据不同的标准进行分类。

第一，根据专门档案利用价值实现的领域，可以将其划分为经济与财产管理价值、人类资源管理价值、司法监督价值、产权保证价值、审计监督价值、地名规范与管理价值、婚姻管理价值、商标管理价值、信用保证价值、税收保障价值、艺术管理与规范价值、教学管理价值、标准保证价值、诉讼管理价值、土地管理价值、统计监督价值、信访管理价值、出版管理价值、病人管理与医疗研究价值等。

第二，根据专门档案利用价值的显现程度，可以将其划分为现实社会已认识和把握的利用价值与尚未认识和把握的潜在利用价值。

第三，根据专门档案利用价值的性质不同，可以将其划分为政治价值、经济价值、文化价值、财务价值、法律价值等。

第四，根据专门档案利用价值所涉及的效益大小，可以将其划分为一般价值和重要价值或重大价值。

第五，根据专门档案利用价值实现的时间长短，可以将其划分为短期价值、长期价值、永久价值，或现实价值与长远历史价值。

第六，根据专门档案利用价值的基本构成，可以将其划分为现实专业性活动的管理工具价值、专业性活动过程与结果的记忆价值、社会历史文化研究价值等。

四、专门档案的功能

专门档案对各种现实的专业性社会活动及有关的社会历史文化研究所具有的作用能力，就是其功能所在。这里主要介绍专门档案的两个普遍功能。

（一）数据和信息储备功能

专门档案是有关专业性活动原始性信息的存储器或资源库，是各种专业性活动的"历史记忆"。合理且有效地保存这种历史记忆，对于各项专业性活动连续有效地进行，是非常重要的。但要注意的是，专门档案所承载的数据和信息，具有相对凌乱、琐碎和不系统的特点，这些原始信息须经必要的加工、整序和激活，才能显现出真正的价值。因此，专门档案是一种"信息源"，但并不一定就是"资源"，只有那些按照一定的目的或目标提取、加工、整合、激活之后的专门档案信息，才能成为一种有用的资源。

（二）依据功能

要想实现有效的专业管理，就必须进行科学合理的决策规划、计划指挥、组织协调、监督检查，而这些管理活动的正常有效进行，必须依赖源于专门档案的数据和信息的支撑。

首先，专门档案是进行科学、合理的专业管理工作决策与规划的依据之一。专门档案是管理者了解现实和预测未来的重要依据，因为其中的经验、教训、成就、缺陷和不足等方面的信息一旦被挖掘、激活，就会成为一种重要的支持科学合理规划的依据性信息资源。

其次，专门档案是计划指挥的依据之一。制订计划时必须利用好现有的专门档案所提供的信息，并从中找出有用的数据和信息。

再次，专门档案是组织协调的重要依据之一。专门档案是围绕着各项专业性活动形成的，既是这些活动的组成部分，同时也是这些活动健康发展的必要保证。

最后，专门档案是实现专业监督和有效检查的重要依据之一。管理者必须注意从专门档案中获得相关的专业性活动的记录，并以此为根据，切实掌握有关专业性活动的真实情况，适时、合理地开展有效的监督检查工作。

五、专门档案的作用

专门档案的作用，就其结果而言，具有积极和消极之分。充分认识到这一点，有助于在实际工作中合理地组织专门档案数据和信息的流动，有效地控制这些专门数据和信息的使用对象和范围，尽可能促进专门档案的各种积极作用的发挥，同时有效地抑制或避免专门档案的各种消极作用的发生。

专门档案的积极作用主要包括以下几点。

（一）保障专业数据和信息

专门档案之中所包含的专业性数据和信息，是人们有效从事和组织各种专业性活动的必要条件和保障，是人们有效开展相关专业性活动的重要条件，具有现实的管理工具意义。所以，各有关单位和部门应注意在平时的专业性活动中留下记录，并加以积累保存，合理组织，以便在适当的时机发挥其积极作用。

（二）维系专业工作的正常进行

在现实社会活动中，人们需要利用专门档案中的数据和信息来达到有效管理各项专业性活动，实现各种专业工作目标的目的。认识专门档案的这种作用，有助于人们在现实的专业性活动中通过建立和健全相关的专业文件或专业记录的形成、积累、整序和归档等方面的制度，保证相关专门档案的齐全、完整和有机联系；同时也有助于我们在开展各项专业性活动的过程中，自觉地发挥所形成的专门档案的工具作用，避免"资源"的闲置。

（三）监督检查各项专业工作的合法进行

为了有效地维护国家和人民的根本利益，我国的审计、税收、公安、司法等部门必须利用有关的专门档案，加强监督和检查，做到警钟长鸣，防患于未然。另外，在各单位和部门之中，为了及时、有效地了解相关问题或工作的进展情况，确保工作的质量与合法性，也可以利用专门档案所记录的数据和信息，进行定期或不定期的监督和检查活动。

（四）再现历史，佐证历史

各种专门档案都存留着宝贵的历史记忆，是各项专业性活动的"记忆库"，是人们研究各种专业性活动历史的宝贵史料。利用这些专门档案，人们可以总结有关专业性活动的经验、教训，发现专业性活动的一般规律和基本特点，从而使当今的专业工作者有条件做到"以史为鉴"，避免走弯路。

第二节 会计档案的管理工作

一、会计档案概述

会计档案是指单位在进行会计核算等过程中接收或形成的，记录和反映单位经济业务事项的，具有保存价值的文字、图表等各种形式的会计资料，包括纸质会计档案、电子会计档案等种类。

（一）会计档案的特征

会计档案同其他门类的档案一样，都是人类社会活动的历史记录，为此也具有原生性、记录性、文化性、信息性、知识性、有机联系性、凭证性、真实性和可靠性等共性。但是会计档案作为一种专门性的档案资源，也具有特性，如突出的专业性、形成过程的序时性、承载信息内容的合规性、数据记录的平衡性、会计记录与会计资料格式的规范性、会计信息对软硬件环境的依赖性、会计信息的易复制性和易更改性等。

（二）会计档案的价值

会计档案的价值，是指会计档案对人类社会的现实实践活动和长远的历史文化建设所具有的积极意义。会计档案的价值构成，主要包括以下几个方面。

第一，会计档案是制订财务计划的重要数据源。

第二，会计档案是进行科学经济决策的信息源。

第三，会计档案是维护正常经济、工作秩序的法定书证，是实施会计审计、会计监督的必要条件，也是促成新经济活动的信息支持源泉。

第四，会计档案是研究社会经济文化存在与发展规律的重要文献源。

第五，会计档案是开展历史研究的记忆库。

第六，会计档案是储备会计工作经验、技术、智慧和教训的知识库。

二、会计档案人员对现行会计记录、会计资料的监督与控制

会计档案人员对现行会计记录（资料）监督与控制工作应遵循以下几方面。

首先，会计档案人员对会计记录（资料）的形成、积累、整理和归档工作进行监督，有着坚实的理论依据。为了保证作为会计档案保存的会计信息具有较高的质量（如完整性、系统性和可靠性等），会计档案管理人员必须切实地履行监督和指导职责，加强对会计记录（资料）的形成、积累、整理和归档工作的指导。

其次，实践依据。如果会计档案人员始终处于会计信息管理和控制的"后台"，而对会计记录（资料）和现行的会计文件（资料）的设计、形成、积累、平时使用，以及整理和归档等"前台"的工作漠不关心、缺乏认识、疏于监督和控制，那么就很难切实地保证会计档案及其所承载信息的完整性、系统性和可靠性。

最后，法规制度依据。实行有效的前端控制，会计档案机构和会计档案人员还必须以相关的法规制度为依据。其中最为重要的依据就是《中华人民共和国会计法》（以下简称《会计法》）以及《会计档案管理办法》等法规性文件。

三、会计档案的收集

会计档案的收集，就是按照国家有关法律、法规的要求，将具有一定保存价值的会计记录（资料）整理归档，定期移交给档案机构集中管理的一项档案业务活动。

会计文件（资料）的归档制度是确保一个立档单位会计档案系统积累和质量的一项重要的业务制度。该项业务工作制度的建设必须明确规定两个方面的基本内容：其一就是要规定相关的业务工作内容，解决做什么的问题；其二就是要规定完成归档工作事项的相关保证措施，解决如何做到的问题。

（一）会计文件（资料）归档制度的一般内容设计

会计文件（资料）的归档制度内容可以分为归档范围、归档时间、归档要求、归档份数和归档手续等。

1. 归档范围

归档范围就是哪些会计记录和会计文件（资料）可以作为会计档案保存，哪些会计记录、会计文件（资料）不能作为会计档案保存。一般来说，根据会计档案鉴定标准（保管期限表）的规定，具有一定保存价值的会计凭证、会计账簿、会计报告及其他会计记录（资料），均应作为会计档案保存。

2. 归档时间

归档时间就是会计人员或会计机构应当向本单位档案人员或档案部门移交整理好的会计档案的时间。一般情况下，当年形成的会计档案，在会计年度终了后，可由单位会计管理机构临时保管一年，再移交单位档案管理机构保管。特殊情况下，因工作需要确需推迟移交的，应当经单位档案管理机构同意。单位会计管理机构临时保管会计档案最长不超过三年。

3. 归档要求

归档要求就是对会计文件（资料）归档的职责，以及会计档案保管单位的质量等所提出的相关要求。一般性的归档要求：归档的会计文件（资料）、会计记录应齐全完整，保持文件（资料）之间的有机联系，适当区分保存价值，便于日后会计档案的保管和会计档案信息资源的开发利用。

4. 归档份数

归档份数是指归档的会计文件（资料）、会计记录的实际份数。一般性质的会计文件（资料）和会计记录，只要归档一份即可。但是特殊的会计档案，一般应留有安全副本或备份文件，以防不测。

5. 归档手续

在移交会计档案时，交接双方必须按规定履行一定的移交手续，具体做法：档案人员应当根据会计档案移交清册，详细清点案卷；经认真核对无误后，交接双方应在会计档案移交清册上履行签字手续，交接双方各存一份。

（二）会计文件（资料）归档制度的保证措施设计

会计文件（资料）归档制度的保证措施的设计，是为了有效地保证上述各项规定事项能够得到切实的贯彻施行。一般情况下，应将有关类型的会计记录或会计文件（资料）的积累和归档，纳入会计人员的岗位职责范围，把归档工作落实到人，以保证归档的会计档案的质量。具体分工各单位可以根据具体情况加以确定。

（三）会计核算系统中电子会计档案收集管理制度

单位的会计档案包括贮存在磁盘（软盘和硬盘）上的会计文件（资料）和会计凭证、会计账簿、会计报表等书面形式的会计核算文件。会计核算系统内数据文件及其备份和作为会计档案打印输出的各种凭证、账册、报表，应按有关财会制度使用、收集。需要注意的是，必须加强会计档案的保密工作，任何人如有伪造、非法涂改变更、故意毁坏数据文件、账册、备份磁盘的行为，将受到行政处分，情节严重者，将追究其法律责任。各类会计档案的出借，必须经过会计主管审批同意并签章，如果对备份磁盘的操作可能危及该备份磁盘的完整性，应制作该备份磁盘的复制件，使用复制件进行操作。

四、会计档案的整理

整理工作是会计档案管理工作的一项主要业务活动。无序的、不系统的、无条理的会计档案，不但不便于安全保管，也不便于科学地组织会计信息资源的开发利用工作。整理可以为会计档案的合理保管和利用，提供一个最基本的物理性的会计文件（资料）有机体系。

（一）会计档案整理的内容

会计档案的整理，就是对全宗内的会计档案进行分类、组合、排列和编目的活动。简单地说，会计档案的整理工作，就是对有关的会计档案进行整序的活动。会计档案整理工作的内容主要包括以下几方面。

1. 会计档案的组卷

会计档案的组卷，就是依据各个终端类内会计文件（资料）之间的相互联系，在适当鉴别会计文件（资料）或会计记录的保存价值的基础上，按照便于保管和利用的基本要求，将互有联系的、保密等级和保存价值相同或相近的会计记录、会计文件（资料）组合在一起的活动。

2. 会计档案的排列

会计档案的排列主要包括案卷内文件（资料）或记录的排列，以及案卷的排列等工作内容。

3. 会计档案的编目

会计档案的编目就是通过一定的方式或方法，将会计档案的分类、组合及排列的整理工作成果固定下来的活动。

（二）会计档案的立卷的实施

1. 纸本会计核算文件（资料）、记录的立卷方法

纸本会计核算专业文件（资料）和记录的立卷方法的选择，必须方便会计文件（资料）和记录的保管与利用。对于已经形成的会计核算专业文件和记录，可以由会计人员或会计机构按照归档制度的要求，视不同情况，采取平时归卷和年终调整立卷相结合的方法，进行整理立卷。

（1）凭证的立卷方法

会计凭证既是各单位经费收支的原始记录，也是会计记账的依据。在实践中可根据会计凭证数量的多寡，采取每月订一本或每月订数本的做法加以整理。每本会计凭证的厚度最好不超过 2 厘米。具体的做法可分为如下几种情况。

第一，较大单位如果所形成的凭证数量过多，可以把不同类型的会计凭证，如收款凭证、付款凭证、转账凭证等，分别制作传票、编写页号，并装订。

第二，会计凭证装订时一定要去掉金属物，加上封面与封底，在左侧用脱脂棉绳装订，然后在封面上做好编目工作。会计凭证封面上的张数，应填写凭证中记账凭单的张数；记账凭单的附据张数，应当以每件反映金额的原始单据为单位进行计算。

第三，其他种类的会计凭证，如送款单、付款委托书、缴款书、医疗报销单等，应当根据会计制度的有关要求，按照时间顺序编写页号，并装订成册。

第四，对于一些不便随同记账凭证一同装订或保管的价值明显不同的原始凭证，如涉外凭证、工资名册、对资改造凭证等，应当抽出单独装订。

第五，装订人员和主管会计人员都应在整理好的会计凭证上签章。

（2）账簿的立卷方法

会计账簿的整理立卷比较简单，这是由于会计账簿在形成时，一般都有固定的格式和明确的分类，所以在年终结账、决算后稍加整理，一本账簿就可以成为一个案卷。整理立卷时应当注意以下几点。

第一，死页账中的空白页不能折账去掉，应保持账簿本身的完整性。

第二，跨年度使用的固定资产账簿，应在使用完的那一个年度立卷。

第三，重新整理的账簿，应在账簿封面上标明立卷部门、案卷题名、年度、页数、全宗号、目录号、案卷号、保管期限等事项。

第四，活页账可以折账，会计人员将账中的空白账去掉后可重新组织，并应当在账页的右上角编上页码，加上账簿封面和封底，用脱脂棉绳装订成册；当活页账账页较少时，可将科目内容相近的账页按类别排列编号，合并装订成册。

（3）财务报告的立卷方法

财务报告主要包括月度财务报告、季度财务报告、年度财务报告，其主体部分主要是各种会计报表。在立卷时，一般可以按照月报、季报、年报的种类分别立卷，也可以按照报表的性质分别立卷（如一般分析、小结检查、总结等）。

2. 纸本会计档案的立卷编目

会计档案的立卷编目，是指通过一定的方式和方法，将会计档案组卷工作的系统化成果固定下来的一项业务活动。其编目工作的内容主要包括以下几个方面。

（1）拟制案卷题名

各类案卷一般都应当拟制规范的题名，以便为日后查找和利用提供一个基本的检索标识。会计档案的案卷题名一般应包括立档单位或责任者因素、时间因素、会计档案文种因素等。

（2）填写卷内目录

除了订本账、会计凭证外，其他会计档案的案卷均应填写卷内目录。卷内目录应用于永久和定期（保存年限在 10 年以上者）保管的案卷，按照格式使用耐久或比较耐久的书写字迹材料书写或打印。

（3）案卷封面其他项目的编目

第一，立卷部门。应填写具体的内部机构的名称。

第二，类别。应填写会计报表、会计账簿、会计凭证等不同的类别名称。

第三，起止时间。应填写会计记录或会计文件(资料)的最早和最晚形成时间。

第四，档案号。应填写全宗号＋目录号＋案卷号或册号，或者年度号＋分类号＋案卷号或册号等。

（4）备考表的编目

备考表的内容一般包括两个方面：本卷需要说明的情况和本单位财务负责人、立卷人或经办会计人员的签章。其中，前者主要包括归档前的情况，如页数、价值、保管情况、相关文件的档案号等；归档后的情况，如鉴定后卷内文件的变更情况、保管状况（字迹状况、载体状况等）。另外，案卷中文件的缺损、补充及移出等需要说明的情况，也可以写入备考表。

（5）卷脊的编目

卷脊的编目项目一般包括全宗号、目录号、册号、类别、保管期限、凭证号等。

3. 纸本会计档案排列

会计档案的排列一般是根据会计档案分类方案所确立的分类体系，实行分类排列的方法。会计档案的排列方法主要是年度—类别—保管期限排列法、年度—保管期限—组织机构分类排列法、年度—会计类型分类排列法、会计文件（资料）或会计记录形式分类排列法四种。

4. 纸本会计档案案卷目录的编制

（1）会计档案号的编制方法

会计档案数量庞大，保管期限多样，利用频繁，为给会计档案的统计、保管和查找利用创造条件，必须对所有的会计档案案卷进行编号。因此，在案卷的排列编号上要尽量适应本单位会计档案形成的特点。常见的编号方法主要有两种。

第一，不需要向档案馆移交会计档案的单位的会计档案号。这种方法是按会计报表、会计账簿、会计凭证和其他会计档案四大类，根据保管期限不一、载体大小不一的具体情况，加设属类给予区别，分别从 1 号开始逐年流水编号。

第二，高等院校财会档案号。根据教育部《高等学校档案管理办法》的要求，高等院校财会档案号一般可以采用以下模式：

财会档案号—年度代号 + 财会档案分类号 + 案卷号

有的单位也采用双位制的编号形式来编制会计档案的二级类目的分类号。如果各个类别还需要进一步划分，那么所形成的三级类目就应当用自然数依次在各个二级类目范围内分别编制流水分类号。

（2）会计档案案卷目录的编制

为了保证会计档案案卷目录的质量，编制会计档案案卷目录工作一般应当由会计部门负责完成，这也是会计管理工作的一个有机组成部分。编制会计档案的案卷目录，通常的做法有以下几种。

第一，一个单位一个会计年度形成的会计档案，应按会计核算与其他会计文件（资料）等大类各编一本目录。

第二，按会计凭证、会计账簿、会计报表和其他会计文件（资料）四大类各编一本目录。

第三，一个单位一个会计年度形成的会计档案，按保管期限降级排列编一本目录。

值得注意的是，保管期限不同的案卷，一般应该分别编制案卷目录，尤其是永久保管的会计档案，应单独编制案卷目录。

会计档案案卷目录的著录项目主要有顺序号、案卷编号、原凭证号、案卷题名、起止时间、张数（页数）、保管期限、存放位置和备注，在实际工作中也可以根据管理和检索会计档案信息的需要增加或减少其中的有关著录项目。

会计档案的案卷目录要编制一式四份，其中一份由会计部门保管供日常使用。其他三份案卷目录，一年后连同会计档案一同移交本单位的档案室或档案人员。

五、会计档案的鉴定

（一）会计档案鉴定工作的内容

会计档案鉴定工作是会计档案管理工作中的关键性业务环节。它一般包括以下几个方面的内容。

第一，会计档案价值的鉴定工作。该项业务工作一般是根据国家财政主管部门和国家档案局统一制发的《会计档案保管期限表》，结合本单位或本部门会计工作和会计文件（资料）或会计信息记录的具体特点和形成与利用规律，编制具体的会计档案保管期限表，并以此为依据开展对本单位会计档案的实际保存价值的鉴定活动。

第二，会计档案质量的鉴别与审核工作。应当根据国家《会计法》、《会计档案管理办法》、企业或事业单位会计制度等法规文件的要求，切实做好会计文件（资料）或会计记录的质量核查工作，以便确保归档会计文件（资料）或会计记录的质量。

（二）会计档案鉴定工作的意义

会计档案鉴定工作的意义主要表现在以下几个方面。

第一，会计档案鉴定有利于实现会计信息的优化。合理的会计档案鉴定可以有效地清除会计信息中的垃圾信息和冗余信息，从而有效地净化会计档案有机体，并使之更加充满生机。

第二，会计档案鉴定有利于合理地使用有限的人力、物力和财力资源。为了使社会和单位的有限资源得到最为有效的利用，会计部门和档案部门必须努力做好会计文件（资料）、会计记录或会计档案的鉴定工作。只有如此，才能使有限的人力、物力和财力真正用于具有一定保存价值的会计档案的管理上。

第三，会计档案鉴定有利于在发生突发事件时及时抢救重要的会计档案。档案的管理会面临许多自然的或人为的突发事变，如地震、洪水、泥石流、火灾、战争等，如果抢救不及时，档案就会遭受严重的损失。所以，会计档案的管理必须充分考虑这方面的因素，将重要的、具有长远保存价值的会计档案经过鉴定挑选出来，集中保存。

第四，会计档案鉴定有利于保证电子会计文件（资料）和记录的证据价值。在会计信息化时代，我们开展会计档案的鉴定工作的主要目的是更好地维护会计信息记录的真实性、完整性和可读性等。电子会计文件（资料）或记录只有真正确定了其真实性、完整性和可读性，才能保证它成为历史的证据，并获得证据价值。

（三）会计档案鉴定规则

1. 高龄规则

高龄会计档案的销毁应当慎重。一个单位早期的会计档案的重新鉴定，应当充分考虑这些会计档案对于该单位早期历史研究所具有的价值，而不应当简单地参照现行的会计档案保管期限表作草率的决定。

2. 客观性规则

会计档案鉴定应当避免主观性的决断。会计档案的鉴定必须以有关的标准，以及对会计档案本身保存价值的合理预测为依据来进行。

3. 整体性规则

会计档案的鉴定应当充分考虑全宗档案的整体性。会计档案作为各有关单位全宗的一个有机的组成部分，应当在鉴定时注意从全宗的整体意义上衡量具体会计档案的保存价值。

4. 双重价值规则

鉴定会计档案的价值，必须首先认识清楚会计档案所具有的对其形成者和社会的双重价值属性。一方面，会计档案在形成之初，主要的作用对象就是本单位的利用者或有关审计单位的利用者；另一方面，一些具有长远保存价值的会计档案又对我们的子孙后代研究社会经济文化历史具有重要的查考价值。

5. 当机立断规则

对于依据鉴定标准反复甄别确无保存价值、准备剔除销毁的会计档案，应当及时处置。

6. 未结禁销规则

凡是事关未结事项的会计档案，一律不得剔除销毁。

7. 依附性规则

凡是对于存取电子会计档案具有支持作用的信息化系统设计文件、应用程序软件、购买的商业化信息化软件等，其保存期限应当同它们所支持的有关会计档案的保存期限相同。

8. 可靠性规则

作为会计档案保存的电子会计档案，必须有完整的反映其生成和保存、维护过程的元数据。

（四）会计档案鉴定标准

一般来说，会计档案价值鉴定的一般性标准，主要包括两种类型，即会计档案自身的属性和保存状况标准、社会利用需要标准。

1. 会计档案自身的属性和保存状况标准

第一，来源标准。即会计档案形成者的社会地位及所承担职能的重要性。

第二，内容标准。即会计档案所记录内容的重要性。

第三，时间标准。即会计档案的产生或形成的年代、时期的重要性。年代久远的会计档案具有宝贵的文化遗产价值。

第四，形式标准。即会计档案的文种的重要性。特殊形式的会计文件（资料）、记录应当选样留存。

第五，完整性标准。会计档案越完整，其整体价值越大；会计档案不完整，残存会计档案的个体价值会有所提高。

第六，依附价值标准。命令文件、程序文件、系统维护文件及其他支持会计记录信息管理系统的软件，它们的保存价值主要取决于有关系统的生命周期以及该系统生成的文件的保存周期。

第七，法律遵从标准。相关法律、行政规章、业务管理规程等所要求的会计档案最低保存年限，各单位在开展会计文件（资料）、会计记录的鉴定实践时必须注意遵循。

2. 会计档案鉴定的社会利用需要标准

第一，本单位财会工作、经济管理工作、经济决策工作的需要。

第二，审计单位检查、核实有关经济事务的需要。

第三，公检法部门依法调查有关经济案件的需要。

第四，单位员工的查询需要。

第五，历史研究的需要。

值得注意的是，鉴定会计档案的保存价值不能根据一时的利用需求强度、利用者人数的多寡等因素轻易决断。

六、会计档案的合理处置

会计档案的处置就是已满一定保管期限的会计档案或立档单位发生变化时，对原单位形成的会计档案作出续存、销毁、移交决定的一项会计档案管理活动。一般情况下，可以按照以下方法处置已满一定保管期限的会计档案。

（一）基本要求

第一，单位应当定期对已到保管期限的会计档案进行鉴定，并形成会计档案鉴定意见书。经鉴定仍须继续保存的会计档案，应当重新划定保管期限；保管期满，确无保存价值的会计档案，可以销毁。

第二，会计档案鉴定工作应当由单位档案管理机构牵头，组织单位会计、审计、纪检监察等机构或人员共同进行。

（二）单位发生变动时会计档案的处置要求

单位发生变动时对会计档案的处置，按照《会计档案管理办法》的规定，应符合如下要求。

第一，单位因撤销、解散、破产或其他原因而终止的，在终止或办理注销登记手续之前形成的会计档案，按照国家档案管理的有关规定处置。

第二，单位分立后原单位解散的，其会计档案应当经各方协商后由其中一方代管或按照国家档案管理的有关规定处置，各方可以查阅、复制与其业务相关的会计档案。

第三，单位合并后原各单位解散或者一方存续其他方解散的，原各单位的会计档案应当由合并后的单位统一保管。单位合并后原各单位仍存续的，其会计档案仍应当由原各单位保管。

第四，单位分立中未结清的会计事项所涉及的会计凭证，应当单独抽出由业务相关方保存，并按照规定办理交接手续。

第五，单位因业务移交其他单位办理所涉及的会计档案，应当由原单位保管，承接业务单位可以查阅、复制与其业务相关的会计档案。对其中未结清的会计事项所涉及的会计凭证，应当单独抽出由承接业务单位保存，并按照规定办理交接手续。

第六，单位分立后原单位存续的，其会计档案应当由分立后的存续方统一保管，其他方可以查阅、复制与其业务相关的会计档案。

第七，建设单位在项目建设期间形成的会计档案，需要移交给建设项目接收单位的，应当在办理竣工财务决算后及时移交，并按照规定办理交接手续。

第八，移交会计档案的单位，应当编制会计档案移交清册，列明应当移交的会计档案名称、卷号、册数、起止年度、档案编号、应保管期限和已保管期限等内容。

第九，单位之间交接会计档案时，交接双方应当办理会计档案交接手续。

第十，交接会计档案时，交接双方应当按照会计档案移交清册所列内容逐项交接，并由交接双方的单位有关负责人负责监督。交接完毕后，交接双方经办人和监督人应当在会计档案移交清册上签名或盖章。

（三）电子会计档案的处置要求

电子会计档案应当与其元数据一并移交，特殊格式的电子会计档案应当与其读取平台一并移交。档案接收单位应当对保存电子会计档案的载体及其技术环境进行检验，确保所接收电子会计档案的准确、完整、可用和安全。

第三节 人事档案的管理工作

一、人事档案概述

人事档案是在组织人事管理活动中形成的，经组织审查或认可，记录、反映个人经历和德能勤绩，以个人为单位立卷归档保存的文字、音像等形式的档案。简言之，人事档案是记录和反映个人德能勤绩等综合情况的，经组织认可归档保存的档案。

（一）人事档案的特点

在市场经济条件下，我国的政治体制和人事制度已有较大改革，与此相关的人事档案也发生了相应变化，形成了一些特点。认真总结、分析并针对其特点开展工作，可以取得事半功倍的效果。

现代人事档案的主要特点归纳起来有以下几点。

1. 人事档案内容更加丰富全面

当前，市场经济发展迅速，对人才的要求也越来越高。这一要求反映在人事档案中，不仅包括政治表现、工作经历、个人学习，也包括能力素质、技能优势、工作业绩、发明创造、职称考核、他人评价等。所以，为了更好地为社会用人提供参考，人事档案的管理工作一定要与市场经济要求以及现代人事制度相结合，扩大归档范围，使人事档案内容更加丰富全面，更贴合实际需要。

2. 干部档案是人事档案的主体

这里所说的干部指的是在党政机关工作的国家公务员。公务员作为我国干部队伍的主体，他们的档案是我国人事档案的主要组成部分，对其进行管理，是我国人事档案管理的重中之重。只有做好了公务员档案的管理工作，才能为其他企业干部、事业单位干部人事档案管理提供参考标准。所以，要以相关政策和用人制度等为管理依据做好对国家公务员档案的管理工作。

3. 流动人员人事档案规模逐渐增大

社会的飞速发展使得人才流动速度加快，尤其是国家在人事、户籍等方面进行了相应的制度改革之后，人才流动更加频繁，这就形成大规模的人事档案。这类人事档案是企事业单位招聘时了解人才、考察人才、选拔人才的重要依据，非常重要。

4. 人事档案的作用范围更广

在市场经济条件下，人事档案是个人各方面情况的综合反映，是体现自身价值的证据，它与个人生活和切身利益密不可分；而对于离开原单位寻求新的发展机遇的人来说，更需要人事档案作证明自身价值的依据。

（二）人事档案的作用

人事档案对国家经济建设、人才选拔与使用、人才预测等方面都具有重要价值与作用。具体来讲，人事档案的价值与作用主要表现在以下几个方面。

1. 人事档案是考察和了解人才的重要依据

各项事业建设与工作中都需要人才。在考察和了解人才时，需要全面分析、权衡利弊、择其所长、避其所短，做到善用人者无弃人，善用物者无弃物。知人是善任的基础，而要真正地做到知人，就得历史地、全面地了解人，查阅人事档案是了解人才状况的重要依据之一，可以较全面地了解这个人的经历，比如做过哪些工作，取得了哪些成绩，有何特长，道德品质如何，进取精神和事业心是否较强等。

2. 人事档案是落实人员待遇和澄清人员问题的重要凭证

人事档案是历史的真凭实据，许多表格、文字材料都是当时的组织与相对人亲自填写的，具有无可辩驳的证据作用，在确定或更改人员参加工作或入党入团时间、调整工资级别、改善生活待遇、落实人事政策、平反冤假错案、评定人员职称等方面都需要人事档案作凭证。

3. 人事档案是开发、使用人才及人才预测的重要手段

社会主义市场经济体制的建立，各级人才市场的诞生，使得各种层次、各种形式、各种渠道的人才交流日益增多，科技人员、高校教师、各类专业人才的流动日益频繁，为人才开发创造了有利条件，人事档案对于新单位领导掌握调入者的基本情况，正确使用新的人才将起到重要作用。同时，由于人事档案能较全

面、准确地反映人才各方面情况，所以能够从人事档案中了解全国、一个地区、一个系统或一个单位人才的数量、文化程度、专业素质等方面数据，国家及地方有关部门可以根据人事档案进行统计分析，进而作出准确的人才预测，制订出长远的人才培养计划。

4. 人事档案是推行和贯彻国家公务员制度的重要依据

人事档案记载着个人的自然状况、社会关系、历史和现实表现，没有个人档案的存在，就无法保证今后机关工作的严肃性。在推进干部交流轮岗、健全干部激励机制、加强干部宏观管理、完善国家公务员制度等方面,都离不开人事档案。

5. 人事档案是人力资源管理部门对求职者总体与初步认识的工具之一

人事档案中对一个人从上学起一直到查阅档案时的经历、家庭状况、社会关系、兴趣爱好以及现实表现都有记录。人力资源部门从人事档案中可以了解到个人在以往的教育、培训、经验、技能、绩效等方面的信息，可以帮助其寻找合适的人员补充职位。

6. 人事档案是维护个人权益和福利的法律信证

在当今的社会活动中，有许多手续需要人事档案才能办成，它是维护个人权益和福利的信证。

1）公有企事业单位招聘、录用人才需要人事档案作依据。

2）社会流动人员工作变化时需要人事档案作依据。

3）民生及社会保险工作中需要人事档案作保障。

4）报考研究生和出国都需要人事档案。

5）职称评定、合同鉴证、身份认定、参加工作时间、离退休等，都需要档案作为信证。

7. 人事档案是研究和撰写各类史志及人物传记的重要材料

人事档案以独特的方式记载着相对人成长的道路和生平事迹，也涉及社会上许多重要事件和重要人物，是难得的史料。它为研究党和国家人事工作、党史、地方史、思想史、专业史，编写人物传记等提供丰富而珍贵的史料，是印证历史的可靠材料。

二、人事档案管理工作的原则

人事档案管理工作的原则是在实践中逐步形成起来的，在市场经济条件下,人事档案管理应坚持以下原则。

（一）集中统一、分级负责管理人事档案

集中统一、分级负责管理人事档案既是人事档案的管理原则，也是人事档案的管理体制。"集中统一"是指人事档案必须集中由组织、人事、劳动部门统一管理，具体业务工作由直属的人事档案部门负责，其他任何部门或个人不得私自保存人事档案，严禁任何个人保存他人的人事档案材料，违反者要受到追究。"分级负责管理"是指全国人事档案工作，由各级组织人事部门根据其管理权限负责某一级人员的人事档案材料，并对人事档案工作进行指导、检查与监督。

（二）维护人事档案真实、完整与安全

维护人事档案真实、完整与安全，既是人事档案管理中需坚持的基本原则之一，又是对人事档案管理工作最基本的要求；所谓"真实"，是指人事档案管理中不允许虚假人事材料转入人事档案；所谓"完整"，是指保证人事档案材料在数量上和内容上的完整无缺；所谓"安全"，是指人事档案实体与信息内容的安全。

（三）便于人事工作和其他工作利用

人事档案工作的目的是提供利用，这也是衡量和检验人事档案工作的重要标准。必须将这一原则贯穿人事档案工作的各个环节，成为制定方针措施和安排部署工作的依据和指南。

（四）坚持人、档统一和适度分离

人、档统一是指个人的管理单位和人事档案的管理单位必须相一致，这样做有利于个人的有关材料及时收集、整理归档，也便于档案的利用，这就要求人事调动或管理权限变更时，档案应及时转递，做到人、档一致。这种"档随人走"的做法一直被视为中外人事档案管理的一大差异及我国人事档案管理上的一大优势，是人事档案的相对集中和传统人事档案管理原则与体制的核心特征——人员的超稳定相连的必然结果，这一原则在过去是唯一的，也是必须坚持的。其在特定条件下也可以分离，但一定要适度。例如，借助计算机技术和网络通信技术将

分管于不同处所的某人的人事档案在信息的查询与利用这两方面实现集中，这样既可满足人事工作对人事档案的需求，同时又可解决现代社会条件下人们对保管人事档案实体的要求。

三、人事档案管理模式

在计划经济体制下，我国人事档案工作只有封闭式这一种管理模式。随着社会主义市场经济体制的建立与发展，国家人事制度的改革，国家公务员制度的推行，流动人员的大量产生，使得开放式这种新管理模式应运而生。所以，现在我国人事档案管理中主要有机构内部封闭式和社会化开放式两种管理模式。

（一）封闭式管理模式

封闭式人事档案管理模式是指人事档案由单位内部设置的人事档案室（处、科）按照干部管理权限集中统一管理，主要是领导或组织上使用，一般不对外使用。这种模式有利于本单位人事档案的收集和管理，以及人事档案的保密，便于本单位领导及时使用其人事档案，但利用服务面较小，档案信息资源开发与发挥作用受一定的局限，比较封闭和内向。

（二）开放式管理模式

开放式人事档案管理模式是指人事档案不是由本机构管理，而是由人才交流中心和社会上的有关机构管理。这一管理模式具有以下几个特点。

1. 社会性

人事档案是人事管理的重要组成部分。开放式的管理模式由人才交流中心和社会有关机构管理，这使得人事档案管理与服务对象也具有了社会性。

2. 广泛性和丰富性

开放的人事档案管理使得管理机构社会化，这就扩大了人事档案的来源，广泛的档案资料来源又使得人事档案内容更为复杂、丰富多样。

3. 多样性

企业招聘人才，或者是各类毕业生就业，都会涉及人事档案的利用。利用者这种对人事档案的多样化需求以及多样化利用，使得人事档案也呈现出多样性，主要表现在内容多样化，载体多样化，传递方式多样化。

4. 开放性

科技的飞速发展，尤其是互联网、信息技术的飞速发展，强化了人事档案管理手段与方式的现代化特点，其改单一的管理方式，实现了开放式的交流，以及网络化管理与服务。

四、人事档案规范化管理的途径

为了实现人事档案规范化管理的目标，从宏观的角度而言，我们认为应该寻求以下途径。

（一）建立健全人事档案法规体系和制度

与人事档案相关的法律、行政法规以及规范性文件，就是人事档案的法规体系。在我国，目前已经初步建立了以《档案法》为代表的一整套人事档案管理法规体系，极大地推动和促进了我国人事档案的规范化管理。因此，要建立健全人事档案法规体系和制度，强化管理执法力度，依法治档，确保人事档案规范化管理工作落到实处。

此外，还要加强人事档案法规的制度建设，这也是科学、规范管理人事档案的重要举措。

（二）积极开展人事档案工作目标管理活动

根据党的组织路线、人事劳动工作政策和国家档案工作的方针、政策、法规的要求，以及人事档案事业发展现状和近期发展规划，设计人事档案工作的基本内容和等级标准，按照规定的办法和程序进行考评，认定等级，这就是人事档案目标管理。作为人事档案现代化、科学化管理的有效措施，以人事档案的法律、法规为依据，努力提高管理水平和档案的利用率，从而更好地为中国特色社会主义事业服务。

（三）建立高素质、高能力、德才兼备的管理干部队伍

建立一支政治素质高、业务能力强、知识面广、德才兼备的干部队伍，是人事档案规范化管理目标得以实现的保证。所以，要重视对人事档案管理工作人员的培训和再教育，强化工作人员的知识与能力，充实管理干部队伍，并保持队

伍的连续性和稳定性。

五、人事档案管理方法

尽管人事档案类型多样，但各类人事档案都有共同之处，由此形成人事档案管理的一般方法。各类人事档案都包含收集、鉴定、整理、管理、保管、提供利用等基本环节，这是人事档案管理方法的共性。

（一）人事档案的收集

所谓人事档案收集工作，就是指人事档案管理部门通过各种渠道，将分散在有关部门所管人员已经形成的符合归档范围的人事档案材料收集起来，汇集成人事档案案卷的工作。

人事档案收集是人事档案部门取得和积累档案的一种手段，是人事档案工作的基础，是实现人事档案集中统一管理的基本途径，也是人事档案发挥作用的前提。

1. 人事档案材料的收集范围

人事档案材料的收集必须有明确的范围。根据干部人事档案材料收集归档规定的精神，主要涉及以下范围。

首先，从内容上看，各类人事档案需要收集的基本材料包括履历、自传或鉴定材料、政审材料、入党入团材料、纪检案件材料、司法案件材料、奖励材料、考核及考察材料以及职务任免调级材料等。

其次，从载体形式上来看，各类人事档案需要收集的基本材料主要包括以纸张为载体记录个人信息的档案和记录人事档案或者人事档案信息的光盘（光盘塔）、磁盘、数据磁带等。须注意的是，下列材料不在收集之列。

第一，不真实的材料，如来源不明、虚假材料，以及自相矛盾、含糊其词的材料。

第二，手续不全的材料，如正在处理、悬而未决或未经审核、签字盖章的材料。

第三，经过区分，应属于文书档案、诉讼档案等其他档案的材料。

第四，应属于个人保存的材料，如独生子女证、日记、私人信件、病历及各种奖状、证书等。

第五，重份材料。

2. 人事档案材料的收集来源

人事档案材料的收集来源，具体来讲主要有以下两大方面。

（1）单位形成的人事档案材料。主要包括：组织、人事、劳动部门，党、团组织和政府机关，纪检、监察、公安、检察院、法院、司法部门，人大常委会委员、政协等有关部门，科技、业务部门，教育、培训机构，部队有关部门和民政部门，审计部门（或行政管理部门），统战部门，卫生部门等。

（2）个人形成的人事档案材料，主要包括以下几个方面。

第一，干部档案中，相对人自己形成的人事档案材料有：自传及属于自传性质的材料、干部履历表、干部登记表、自我鉴定表、干部述职登记表、体格检查表、干部的创造发明、科研成果、著作和论文的目录、入党入团申请书、党员团员登记表等。

第二，学生档案中，相对人自己形成的人事档案材料有：学生登记表、毕业生登记表、学习鉴定表、体格检查表、学历（学位）审批表、入党入团申请书、党员团员登记表等。

第三，工人档案中，相对人自己形成的人事档案材料有：求职履历材料、招工登记表、体格检查表、职工岗位培训登记表、工会会员登记表、入党入团申请书、党员团员登记表等。

3. 收集人事档案材料的要求与方法

第一，收集人事档案材料的要求主要包括保质保量、客观公正、主动及时、安全保密等。

第二，收集人事档案材料的方法主要有针对性收集、跟踪性收集、经常性收集、集中性收集、内部收集、外部收集等。

4. 人事档案的收集制度

人事档案材料的收集，是一项贯彻始终的经常性工作，不能单纯依靠突击工作，应当建立起必要的收集工作制度。

（1）归档（移交）制度

归档（移交）制度，是关于将办理完毕的人事档案材料归档移交到人事档案机构或档案专管人员保存的规定。其内容包括归档范围、归档时间、归档要求。

（2）转递制度

转递制度主要指对于调动工作离开原单位人员档案转到新单位的规定。原单位的人事档案部门，应及时将本单位调入其他单位工作人员的人事档案材料，转递至新单位的人事档案部门，以防丢失或损毁。

（3）清理制度

人事档案部门根据所管档案的情况，定期对人事档案进行清理核对，将所缺材料逐一登记下来，有计划、有步骤地进行收集。

（4）催要制度

人事档案部门在日常工作中应当经常与有关单位进行联系，主动催促并索要应当归档的人事档案材料。

（5）及时登记制度

为了避免在收集工作中人事档案材料的遗失和散落，人事档案部门一定要完善档案材料的收集登记制度。

（6）检查制度

根据所管辖人事档案的数量状况，人事档案管理部门应在每季度、半年或一年对人事档案进行一次检查核对，如果发现缺少材料，应当填写补充材料登记表，以便补齐收全。

5. 收集人事档案材料的注意事项

人事档案的形成规律和特点决定了人事档案的收集与其他档案有所不同，所以，在收集人事档案材料时应注意以下几个方面的问题。

（1）持续收集

人事档案的收集工作应持续进行。这是因为在个人的生命历程中，一个人出生、成长、读书、就业会产生相关的关于其学历、工作经历、职务职称、考核、奖励（或惩罚）等直接反映其个人自然状况、个人专长和社会地位、社会活动情况、政治信仰等方面的材料。这些材料随着个人的成长和持续的社会活动而不断增加，因此，必须持续不断地对其进行收集、补充，才能保证人事档案的完整、齐全，以反映个人学习、工作、品质和才学的全貌。

（2）定向收集

人事档案应根据其来源进行定向收集。这是因为人事档案材料的形成情况比较复杂，有的是在个人活动中形成的，有的是在各部门人事活动中形成的，这就造成相关材料分散在部门和个人手中。所以，在收集人事档案材料时，应根据个人经历和社会实践活动的实际情况，向经常产生人事档案资料的一定单位和部门实行定向收集。

（3）定时收集

定时收集是按照一定的时间规律定期向有关部门进行收集。人事档案之所以要根据单位的工作活动规律进行定时收集，是因为各单位的工作活动（如人事任免、职称评定、表彰先进等）具有一定的时间规律性，这些活动都会产生大量的人事材料。所以，在收集人事档案材料时，要掌握单位的工作活动规律和人事档案的产生特点，了解和掌握形成干部档案材料源的信息，沟通渠道，建立联系制度，及时收集新产生的人事档案材料。

（4）追踪收集

人事档案材料不是孤立形成的，一项活动、一次事件，都会产生一系列互有联系的人事档案材料。因此，在收集人事档案材料时，应根据人事档案的形成规律、现有档案或掌握的线索进行追踪收集，将一次事件或一项活动中形成的与当事人有关的人事材料收集齐全。

（二）人事档案的鉴定

人事档案的鉴定是指以一定的原则和规定为依据，来鉴别、取舍所收集的人事档案材料的真伪和价值，把有保存价值的材料归档，不应当归档的材料销毁或转送其他部门。作为人事档案材料归档前的最后一次审核，鉴定材料是人事档案管理工作的首要环节，是正确贯彻人事政策的一项措施，对其他各项业务工作具有积极的促进作用，有利于应对突发事件和确定人事档案的保存期限，提高人事档案的质量和利用率，满足社会长远需要。

1. 人事档案鉴定的依据

人事档案鉴定的依据主要有以下两方面。

第一，人事档案的内容。即对人事档案的内容进行鉴别，对其真伪和价值进行甄别和取舍。

第二，人事档案的主体。即对人事档案形成者的社会地位、影响力及其主管部门进行判断，决定其在何处保管以及保管期限。

2. 人事档案鉴定工作的内容

人事档案鉴定的内容，主要包括对收集起来的人事档案材料进行真伪的鉴别，将具有保存价值的材料归入档案；制定人事档案价值的鉴定标准，确定人事档案的保管期限；挑选出有价值的档案继续保存，剔除无须保存的档案经过批准后销毁；为进行上述一系列工作所做的组织安排。

3.人事档案鉴定的程序

人事档案的鉴定一般分为三个阶段进行。

（1）归档鉴定

归档鉴定是对收集到的人事材料进行分析、鉴别和筛选，按照归档要求将有价值的材料归档，将无价值的、重复的和不真实的材料剔除。这是最为关键的鉴定环节，是人事档案质量的保证。

（2）进馆鉴定

进馆鉴定主要是对单位移交的有一定社会地位或社会影响力的人物的档案进行审核。

（3）销毁鉴定

销毁鉴定是指对保管期限已满的人事档案进行审查，决定其是否销毁或继续保留。

4.人事档案保管期限

人事档案的价值具有一定的时效性。档案的时效性，决定了人事档案的保管期限。人事档案期限可分为永久、长期、短期三种，也可以分为永久与定期两种。对不归档材料的处理主要有四种方法：转、退、留、毁。

5.人事档案材料的审核

人事档案材料的审核，是指对已归档和整理过的档案，进行认真细致的审查核定，审核档案材料是否齐全、完整，是否有缺失、遗漏，有无涂改伪造情况；审核档案材料是否手续完备，填写是否规范；审核档案材料中有无错装、混装的现象；审核档案材料归档整理是否符合要求等，以确保人事档案材料完整齐全，内容真实可靠，信息准确无误。

6.人事档案的销毁

人事档案的销毁，是指对无保存价值的人事档案材料的销毁，是鉴定工作的必然结果。销毁档案，必须有严格的制度，非依规定的批准手续，不得随意销毁。凡是决定销毁的档案，必须详细登记造册，作为领导审核批准以及日后查考档案销毁情况的依据。

7. 人事档案鉴别的方法

人事档案的鉴别，是人事档案管理部门对收集起来准备归档的材料进行审查，甄别材料的真伪，判定材料的保存价值，确定其是否归入干部档案的工作。

第一，判断是否属于人事档案。在收集来的材料中，常会出现人事档案与文书档案、司法档案、科研档案相互混淆的情况，鉴别时应首先将它们区别开来。对其中有保存价值的文件、资料，可交文书档案或转有关部门保存。不属于人事档案，但比较重要的证件、文章等，应退还给本人。无保存价值又不宜退回本人的，应登记报主管领导批准销毁。

第二，判断是否属于本人的档案材料。人事档案是以个人为单位整理立卷的，归档的每一份材料都应确属其人，要避免张冠李戴的错误。我国同名同姓的人很多，在鉴别时发现有同名异人、张冠李戴的，应及时清理出来。另外，除了区别同名异人外，还应注意一人多名现象，判明其学名、曾用名、化名、字、号、笔名等，尽量将同一个人的档案集中保存。

第三，检查材料是否齐全、完整。应检查关于某一事件、某一活动的材料是否齐全，如政审材料一般应具备审查结论、调查报告、上级批复、主要证明材料、本人的交代等。处分材料一般应具备处分决定（包括免予处分的决定）、调查报告、上级批复、个人检讨或对处分的意见等。上述材料，属于成套的，必须齐全；每份归档材料，必须完整。

第四，检查材料是否真实、准确。人事档案的内容必须真实、准确，能够实事求是地反映个人的实际情况。鉴别时对头尾不清、来源和时间不明的材料，要查清注明后再归档，凡是查不清楚或对象不明确的材料，不能归档。对那些虚假材料，一经发现，应立即剔除。

第五，审查材料是否处理完毕，手续完备。归入人事档案的材料必须是已经处理完毕的材料。凡规定须由组织审查盖章的，要有组织盖章。审查结论、处分决定、组织鉴定、民主评议和组织考核中形成的综合材料，应有本人的签署意见或由组织注明经过本人见面。任免呈报表须注明任免职务的批准机关、批注时间和文号。出国、出境审批表，须注明出去的任务、目的及出去与返回的时间。凡不符合归档要求，手续不完备的档案材料，须补办完手续后再归档。

第六，鉴别时，发现档案中缺少的有关材料，要及时进行登记并收集补充。

（三）人事档案的整理

人事档案的整理工作，就是依据一定的原则、方法和程序，对收集起来经过鉴别的人事材料，以个人为单位进行归类、排列、组合、编号、登记，使之条理化、系统化和组成有序体系的过程。人事档案整理工作的内容主要包括：分类、分本分册、复制、排列、编号、登记目录、技术加工、装订。人事档案整理工作的范围，主要包括对新建档案的系统整理和对已整理档案的重新调整两个方面。

1. 人事档案整理的要求

整理人事档案时，必须因"人"立卷、分"类"整理。具体整理过程中，需要做到两方面：第一，分类准确，编排有序，目录清楚；第二，整理设备齐全，安全可靠。

2. 人事档案的正本和副本

正本是由全面反映一个人的历史和现实情况的材料构成的，由主管部门保管，是相对人的全部原件材料，具有较高的保存价值，其中双重管理的领导干部的档案，一般都要长久保存。副本是正本的浓缩，是一个人的部分材料，由正本中的部分材料构成，为重份材料或复制件，由主管部门或协管部门保管。人事档案分建正本和副本，有利于干部人事档案材料的分级管理。

3. 人事档案材料的编目

人事档案的编目，是指填写人事档案案卷封面，保管单位内的人事档案目录、件、页号等。人事档案目录具有重要作用，可以固定案卷内各类档案的分类体系和类内每份材料的排列顺序及其位置，避免次序混乱，巩固整理工作成果。人事档案卷内目录一般应设置类号、文件题名（材料名称）、材料形成时间、份数、页数、备注等著录项目。

4. 人事档案的复制与技术加工

（1）人事档案材料的复制

人事档案材料的复制，就是采用复印、摄影、缩微摄影、临摹等方法，制成与档案材料原件内容与外形相一致的复制件的技术。人事档案材料的复制范围，主要指建立副本所需的材料，如圆珠笔、铅笔、复写纸书写的材料，字迹不清的材料，以及利用较频繁的材料。人事档案材料的复制，应该符合一定的要求，忠实于人事档案原件，字迹清晰，手续完备。

（2）人事档案材料的技术加工

人事档案材料的技术加工，就是对于纸张不规则、破损、卷角、折皱的材料，在不损伤档案历史原貌的情况下，对其外形进行一些技术性的处理。加工方法包括修裱、修复、加边、折叠与剪裁等。

（3）人事档案材料的装订

人事档案材料的装订，是指将零散的档案材料加工成册。经过装订，能巩固整理工作中分类、排列、技术加工、登记目录等工序的成果。

（4）验收

验收是对装订后的人事档案按照一定的标准，全面、系统地检验是否合格的一项工作。其方法包括自验、互验、最后验收。

（四）人事档案的保管

人事档案的保管是指采取一定的制度和物资设备及方法，保存人事档案实体和人事档案信息。

1. 人事档案的存放与编号方法

人事档案的存放与编号方法主要有以下几种。

（1）姓氏编号法

将同姓的人的档案集中在一起，再按照姓氏笔画的多少为序进行编号的方法叫"姓氏编号法"。编号时需要注意：每一个姓的后面要根据档案递增的趋势留下一定数量的空号，以备增加档案之用；姓名须用统一的规范简化字，不得用同音字代替；档案的存放位置要经常保持与索引名册相一致。

（2）四角号码法

所谓四角号码法，就是按照姓名的笔形取其四个角来进行编号的方法。

（3）组织编号法

将人事档案按照该人员所在的组织或单位进行编号存放的方法称为"组织编号法"。这种编号方法的具体过程如下。

第一，将各个组织机构或单位的全部人员的名单进行集中，并按照一定的规律（如按照职务、职称、姓氏等）将各个组织的名单进行系统排列。

第二，依据常用名册人员或编制配备表的顺序排列单位次序，并统一编号，登记索引名册。

第三，将索引名册上的统一编号标注在档案袋上，按编号顺序统一存放档案。

（4）拼音字母编号法

拼音字母编号法是按照人事档案中姓名的拼音字母的次序排列的编号方法，其基本原理就是"音序检字法"。排列次序一般有三个层次：先排姓，按姓的拼音首字母的顺序排列；同姓之内，再按其名字的第一个字的拼音字母的次序排列；如果名字的第一个字母相同，再按这个名字的第二个字的首字母进行排列。

（5）职称级别编号法

职称级别编号法是将不同的职称级别和职位高低进行顺序排列，然后依次存放的编号方法。这种编号存放的方法，就是将高级干部、高级知识分子和其他特殊人员的档案同一般人员的档案区分开来单独存放。具体操作过程与组织编号法基本相同。

2. 人事档案保管设施与要求

根据安全保密、便于查找的原则要求，对人事档案应严密、科学地保管。人事档案部门应建立坚固、防火、防潮的专用档案库房，配置铁质的档案柜。库房面积每千卷需 20～30 平方米。库房内应设立空调、去湿、灭火等设备；库房的防火、防潮、防蛀、防盗、防光、防高温等设施和安全措施应经常检查；要保持库房的清洁和库内适宜的温度、湿度；人事档案管理部门，要设置专门的档案查阅室和档案管理人员办公室。档案库房、查档室和档案人员办公室应三室分开。

（五）人事档案的转递

人事档案管理部门必须随着该人员主管单位的变化及时将其人事档案转至新的主管或协管单位，做到人由哪里管理，档案也就在哪里管理，档案随人走，使人事档案管理的范围与人员管理的范围相一致，这就是人事档案的转递工作。人事档案的转递工作是人事档案管理部门接收档案的一个主要途径，也是一项基础性的工作。

1. 转递工作的基本要求

第一，人事档案转递过程中必须注意档案的安全，谨防丢失和泄密。

第二，必须在确知有关人员新的主管或协管单位之后才能办理人事档案转递手续。

第三，及时要求人事档案的转递应随着人员的调动而迅速地转递，避免档案与人员管理脱节和"无人有档""有人无档"现象的发生。

2.转递工作的方式

人事档案转递工作的方式分为转入和转出两种。

（1）转入

所谓转入，就是指人事档案随着人员的调动而从原单位转到新单位。作为人事调动过程中的一个重要环节，人事档案的转入要办理如下转入手续。

首先，审查转递人事档案材料通知单。

其次，审查档案材料是否本单位所管人员的。

再次，审查清点档案的数量，看档案材料是否符合档案转递单开列的项目，是否符合转入要求，有无破损。

最后，经上述三个步骤后，确认无误，在转递人事档案材料通知单的回执上盖章。

（2）转出

人事档案的转出主要有零散转出和整批转出两种。

所谓零散转出，顾名思义，就是少量转出，即日常工作中频繁少量人事档案材料的转出。作为转出的主要方式，零散转出的操作是由机要交通来完成的。

所谓整批转出，就是将批量的人事材料转出。这种转出方式一般是由专人、专车送取。

第四节　科技档案的管理工作

一、科技档案概述

科技档案是指在科技和生产活动中形成的，具有查考利用价值，已经归档保存的图纸、图表、文字材料、计算材料、照片、影片、录像带、磁带、光盘等各种类型和载体的科技文件材料。科技档案具有专业性、成套性、多样性、现实效用性、科技成果性。

（一）科技档案的类型

科技档案种类繁多，大体说来可以分成如下六大类。

1. 工业生产技术档案

工业生产技术档案是在工业产品的设计、研制、生产活动中形成的科技档案。工业生产技术档案内容丰富，形式多样，涉及的专业面很广。不同专业领域和不同部门产生的工业生产技术档案，在内容构成上有很大的不同。工业生产技术档案的基本特点是以产品型号成套。

2. 农业生产技术档案

在农、林、牧、副、渔等行业的生产、技术活动中形成的科技档案就是农业生产技术档案，它具有周期长、地域性强的特点。

3. 基本建设档案

在基本建设工程的规划、设计、施工和改建、维修活动中形成的科技档案，就是基本建设档案，简称"基建档案"。基建档案的种类有很多，按照不同的分类方法可分为不同的类型。例如，以工程对象性质为分类依据，可将基建档案分为三类：工农业生产基建档案、军事国防工程基建档案和民用工程基建档案；以内容为分类依据，可将其分为施工档案、竣工档案、工程规划与设计档案。

4. 设备档案

设备档案是各种机器仪表和仪器仪表的档案材料。设备档案是在各个专业、各种不同企业和事业单位都存在的科技档案。按设备来源，设备档案可分为自制设备档案和外购设备档案两种。设备档案的基本特点也是以型号成套。

5. 自然科学研究档案

自然科学研究档案是指科技研究部门、高等院校、生产建设单位在自然科学技术研究活动中形成的科技档案，简称"科研档案"。科研档案按科研性质可分为基础科学研究档案、技术科学研究档案和应用科学研究档案三种类型。

6. 自然现象观测档案

自然现象观测档案是在对地质、地貌、水文、气象、天文、地震等自然现象观测和研究活动中形成的档案，主要包括地质档案、测绘档案、水文档案、气象档案、天文档案、地震档案等。自然现象观测档案的显著特点是包含有大量的数据和图表。

（二）科技档案工作的原则

科技档案工作的基本原则具体应包括如下几方面。

1.科技档案要实行集中统一管理

科技档案实行集中统一管理，表现在如下三个方面。

1）在一个单位内部，科技档案应集中管理，不能为个人或部门占有。

2）科技档案工作应制定统一的管理制度。

3）国家科技档案工作按专业分级实行统一管理。

2.科技档案工作要达到完整、准确、系统与安全的要求

所谓完整，是指科技档案应齐全成套，不能残缺不全。

所谓准确，是指科技档案忠实地记录了科技、生产活动的原貌，其记载的数据、过程和结果不应有差错和出入。

所谓系统，是指要保持科技档案之间的有机联系，不能杂乱无章，任意分割。

所谓安全，是指创造良好的保管条件，尽可能延长科技档案载体的寿命，并保证其信息内容的安全，严守国家科技机密，不失密、泄密。

3.科技档案工作应促进科技档案信息的有效利用

科技档案作为科技、生产活动的记录和成果，蕴藏了大量的、有价值的科技信息，是科技和生产活动参照和借鉴的科技信息源。科技档案的利用必须及时，应在其形成后的短期内提供利用，这样才能充分发挥科技档案的作用。

二、科技档案的收集

科技档案的收集工作包括两个方面的内容，一是对科技文件材料的归档保存；二是专业科技档案馆对需要长久保存的科技档案的收集。

（一）科技文件材料的归档

科技文件材料归档制度的核心内容是确定科技文件材料的归档范围，即具体划定哪些科技文件材料应当归档，哪些不必归档。确定科技文件材料归档范围的标准与普通档案大致相同，即看它是否具有保存或利用价值。凡是直接记述和反映本单位科技、生产活动，具有现实和长远查考价值的科技文件材料，都应列

入归档范围；反之，不得擅自归档。

与普通文书不同，科技文件材料没有固定的归档时间。应根据科技文件材料的不同类型和特点、不同的形成规律和利用需求来确定合适的归档时间。一般来说，有随时归档和定时归档两种。随时归档适用于机密性强的科技文件材料和外来材料（外购设备的随机图纸、文字说明，委托外单位设计的文件材料等）。定时归档又分为按项目结束时间归档、按子项目结束时间归档、按工作阶段归档和按年度归档。凡是需要归档的科技文件材料，由科技业务部门和有关科技人员收集齐全，核对准确，并加以系统整理，组成保管单位，方可归档。

（二）专业档案馆对科技档案的收集

1. 决定专业档案馆收集范围的因素

不同级别、不同性质的专业档案馆收集科技档案的范围不同，在确定专业档案馆的进馆范围时，应考虑专业档案馆的性质和任务、档案的价值、现实利用的需要等因素。

2. 专业档案馆收集科技档案的方式

专业科技档案馆对科技档案的收集方式不同于综合性档案馆，实行相关单位主送制和科技档案补送制。

1）相关单位主送制。即对不同种类及不同项目的科技档案，按照国家有关规定，分别确定报送单位，主送单位。报送档案中的不足部分由其他有关单位补充移交。实行相关单位主送制，可在保证馆藏完整性的前提下，避免馆藏档案的大量重复，提高馆藏质量。

2）科技档案补送制。建立补送制的目的是及时反映进馆档案所涉及的科技、生产项目的发展、变化情况，保持馆藏科技档案的完整性和准确性。

3. 零散科技档案的收集

科技档案部门保存的一些科技档案，由于管理制度的漏洞而存在残缺不全的现象，有关某一项目的部分科技档案散落在各业务技术部门或个人手中，影响了科技档案的完整性和成套性。对此，各单位应在科技管理工作的业务整顿、科技成果的清理鉴定等工作中组织必要的技术力量，对各种零散的科技文件材料进行清理、核对、收集，并作必要的补测、图纸补绘工作。

三、科技档案的整理

（一）科技档案的组卷

科技档案的组卷应遵循如下要求。

第一，科技档案的组卷要遵循科技文件材料的形成规律，保持案卷内科技文件材料的系统联系，并要便于档案利用和保管。

第二，产品、科研课题、基建项目、设备仪器按其部件、结构、阶段等分别组卷。

第三，与产品、科研课题、基建项目、设备仪器关系密切的管理性文件，应列入产品、科研课题、基建项目、设备仪器类中组卷。

第四，要保证案卷内所反映问题的科技文件材料的齐全完整。

第五，案卷内科技文件材料必须准确反映生产、科研、基建和有关管理活动的真实内容。

第六，案卷内科技文件的制作材料和书写材料必须易于长期保存。

（二）科技档案的排列

第一，产品按设计（含初步设计、技术设计）、试制、小批量生产试制、批量生产、产品创优等工作程序排列，也可按其产品系列、结构（部件或组件）排列。

第二，科研课题按准备阶段、研究实验阶段、总结鉴定阶段、成果申报奖励和推广应用等时间阶段排列。

第三，基建工程按依据性材料、基础性材料、工程设计（含初步设计、技术设计、施工设计）、工程施工、工程竣工验收等排列。

第四，设备按依据性材料、设备开箱验收、设备安装调试、设备运行维修、随机图样等排列。随机图样也可单独组卷。

第五，管理性科技文件材料按问题、时间或重要程度排列。

第六，案卷内科技文件材料排列要求文字材料在前，图样在后。

（三）科技档案的编号

科技档案保管单位之间的排列是通过卷、册、袋、盒的编号来固定其次序的。

科技档案编号是科技档案类别代号及其保管单位顺序号的组合体。

科技档案类别代号由科技档案种类代号及该种科技档案的分类类目代号组成。科技档案种类代号一般是以科技档案种类名称的第一个汉字的汉语拼音声母为该类科技档案的代号。若第一个汉字的汉语拼音声母同另一类科技档案的相同，则可选用第二个汉字或其他具有代表性含义的汉字的汉语拼音声母作为代号。

科技档案分类号可采用现成的号码如工程代号、课题代号、型号等，也可自行编制。

科技档案保管单位可按重要程度、时间、地区等进行排列。

排列完毕即可按顺序编制保管单位顺序号。

（四）科技档案的登录

科技档案经分类和排列后，要将其按保管单位登记到目录簿上。以固定其排列次序和位置，巩固科技档案整理的成果，揭示其内容和成分。科技档案的登录一般需填写科技文件材料目录、科技档案保管单位登录簿和科技档案总登录簿。

四、科技档案的鉴定

科技档案的鉴定就是对科技档案的价值进行鉴别，对科技档案的质量进行核查，根据科技档案价值大小来确定其保管期限，将有价值的档案加以妥善保存，将失去保存价值或保存价值不大的档案剔除销毁。

（一）科技档案鉴定的内容

科技档案的鉴定不是一次完成的，而是分阶段进行的，每个阶段的鉴定工作有不同的内容，具体如下。

第一，归档时的鉴定包括：核查归档材料的完整性和准确性，保证归档的科技文件材料的质量；决定科技文件材料的取舍，剔除无保存价值的科技文件材料；根据有关规定和要求，判定科技文件材料价值大小，确定其保管期限。

第二，结合业务整顿或技术普查进行的鉴定包括：清理库存的档案，对尚未确定保管期限的档案进行鉴定；对已经鉴定的进行核查，重新审定其保管期限，剔除某些保管期限已满，完全失去了保存价值的科技档案。

第三，进馆后的再鉴定包括：对已过保管期限的科技档案进行审查，将确实再无保存价值的档案剔除销毁；对仍有保存必要的科技档案，予以延长保管期限；对保管期限划分不当的科技档案，重新划定保管期限，酌情延长或缩短原定的保管期限。

（二）科技档案价值鉴定的要素

影响科技档案价值鉴定的首要因素是科技档案所反映的项目的性质，其次是科技档案自身的特点和状况，以及科技档案的利用需要与利用率、所反映的实物状况等。

1. 项目性质

科技档案是围绕一定的科技项目产生的，是特定项目生产与科技活动的历史记录和成果反映。因此，项目性质就成为影响科技档案价值的主要因素。项目的性质可从项目的技术水平、项目的级别、项目的社会影响、项目的经济指标等方面来考虑。

2. 档案自身的特点和状况

1）档案内容。凡是反映科技、生产活动的主要过程、基本面貌和重要成果，记录了某种事实的各种技术报告、设计文件、工艺文件、依据性文件和原始性文件，都具有重要的保存价值。

2）档案形成时间。分析时间因素对科技档案的影响，要从科技档案的性质、种类及利用需求等方面综合考虑。

3）档案来源。它是指科技档案的形成者对档案价值的影响。档案形成者的科学成就、知名度、形成单位的地位和性质都是影响科技档案价值的重要因素。

4）档案的质量状况。科技档案的质量要求包括科技文件材料完整、准确，书写材料优良，字迹工整，图样清晰，签署手续完备，外形完好，等等。

3. 档案的利用需要与利用率

不同的科技档案所具有的功能不同，社会利用需要不同，对其价值大小起制约作用。此外，科技档案在保存期间的利用率也可以作为鉴定科技档案价值的一个标准。一般情况下，科技档案的利用率越高，其保存价值就越大。但不能仅仅据此就销毁那些利用率很低而又具有潜在价值的科技档案。

4. 实物状况

一部分科技档案如产品档案、基建档案、设备档案等保存价值在很大程度上依赖于其实物对象的状况。实物处于正常运转、使用阶段时，其档案的现实利用价值就高；若实物损毁或废弃不用，其档案的现实利用价值就会受到很大影响。

（三）科技档案的鉴定程序和方法

1.科技档案鉴定的准备工作

首先，制订鉴定工作计划。计划的内容包括：本次鉴定工作的目的和要求，所要鉴定的科技档案的范围，同其他有关工作的衔接和协调，计划工作量，所需人力和时间，保管期限表的选用和编制要求，等等。

其次，成立鉴定小组。《科学技术档案工作条例》规定："鉴定工作要在总工程师或科研负责人的领导下，由科技领导干部、熟悉有关专业的科技人员和科技档案人员共同进行。"应根据此要求成立鉴定小组。

最后，编制科技档案保管期限表。科技档案保管期限表，是以表册形式列举科技档案的种类、内容、来源和形式，并注明其保管期限的一种指导性文件。它可以提高鉴定工作的效率。

2.科技档案保管期限的确定

确定科技档案保管期限的基本原则如下。

第一，在工作查考、科学研究、经验总结等方面具有长远利用价值的科技档案，应永久保存。

第二，在一定时期内具有利用价值的科技档案，应定期保存。

第三，介于上述两种保管期限之间的科技档案，其保管期限一律从长。

3.科技档案的销毁

经过鉴定对无保存价值的科技档案，按规定剔除销毁。应编制销毁档案清册，经过单位领导审定，报送上级主管机关备案。销毁时，应指定监销人，防止失密。科技档案销毁清册的项目包括：销毁档案名称、档号、销毁数量、鉴定单编号、备注等。已经销毁的科技档案，应在目录上注销，并对排列顺序进行相应调整。

五、科技档案的保管

科技档案中既有文字材料，如说明书、计算书、任务书、技术报告、技术总结、科技论文等，更有大量的图纸（底图、蓝图）、表格、照片、影片、缩微胶片、录音带、录像带等特殊形式和载体的档案。其中，文字材料的保管与普通档案大致相同，而对图纸和其他载体形式档案的保管则有特殊的要求。底图和蓝图是科技档案中最常见、数量最大、使用最频繁的档案。

（一）底图的保管

底图用于晒图，是制作蓝图的基础。底图的制成材料比较特殊，描图纸是用油、蜡等物浸透过的，经过晒图机高温的影响，加上反复复印使用，其机械强度和耐久性越来越低。底图禁止折叠存放，以免出现折痕，影响图面的清晰度和准确度，并缩短其保管寿命。为保护底图不被撕破，可用胶纸通过压力机将底图四边包上。

底图的存放方法有两种：平放和卷放。平放方法能保证底图的平整，取放方便，但占用空间大；卷放方法能够节约空间，但取放不方便，容易造成底图的磨损。这种方法适用于特大、特长幅面底图的存放。

（二）蓝图的保管

蓝图纸张的机械性能比底图好，可以折叠。蓝图的折叠有一定的要求：一般以四号图纸幅面大小进行折叠，左面要留出装订线；折叠的图纸要向图纸正面以手风琴式方法折叠，不宜反折或卷筒式折叠；图纸的标题栏应露在右下角外面，以便查阅。

（三）科技档案的保管制度

1. 保密制度

科技档案中，涉及国防、军工、尖端技术和国民经济建设中重要项目的档案，是国家机密的重要部分，须做好保密工作。科技档案的保密制度包括：准确划分科技档案的保密范围和机密等级；严格选用机密科技档案保管人员，制定保密纪律和规章制度；对于不同机密等级的科技档案确定不同的利用范围和利用手续，采取必要的控制机密档案利用的措施，履行严格的审批手续；对绝密的科技档案实行单独保存，专人、专柜保管；定期或不定期地进行保密检查。

2. 检查制度

为了及时发现工作中存在的问题，应形成固定的检查制度，对检查发现的问题，进行补救处理。

检查工作的内容包括：科技档案登记的"账"和"物"是否相符；科技档案库房管理与安全状况；科技档案保密工作情况；各项制度的贯彻执行情况；等等。应组织专门的检查小组，做好检查记录和检查总结。

3. 更改和补充制度

科技档案的更改、补充工作，一般由技术部门和有关技术人员承担，由科技档案部门进行监督和协助。科技档案的更改和补充方法、程序，依科技档案的特点和各单位的具体情况而定。注意，不是所有的科技档案都需要更改和补充，这项制度只针对某些现实性特别强的科技档案，如基建档案、产品档案、设备档案等。

第五章　档案管理中的保护措施与修复技术

第一节　档案库房的防光及防有害气体与灰尘

一、防光的措施

为了防止或减少光对档案制成材料的破坏作用，一般可采取以下措施：

第一，为了防止阳光的直接照射，库房的窗户要少，东西向不宜开窗，南北向的窗户要小而窄。在窗户可采取遮阳措施，以太阳光不能直接照射在档案架上为宜。

第二，为了防止或减少漫射（散射）光中的紫外线进入库房内，在库房窗玻璃上应采取如下措施。

一是在库房窗户上加设窗帘或百叶窗，可以减少紫外线的透入。也可在库房窗户上设置木板窗或铁皮窗，当库内不需使用自然光源时，可将木板窗或铁皮窗关上，以防止紫外线的透过。

二是库房窗户使用毛玻璃、花纹玻璃等，因其表面粗糙不平，对光线可产生重复反射，从而减少了透过量。也可使用有色玻璃，不同颜色的玻璃对可见光中的各种颜色光的透过情况不同，如红色玻璃可以透过可见光中波长较长的红光，而对波长较短的蓝紫光具有吸收作用。一般以用红、绿、黄色玻璃为宜。另外，以白铅粉和桐油相混合（2∶1），用汽油稀释涂在玻璃上，也可过滤掉一部分紫外线。

三是在库房窗玻璃上涂刷紫外线吸收剂能取得更为理想的效果。紫外线吸收剂的作用相当于紫外线滤光片，能把大部分紫外线都过滤掉。紫外线吸收剂首先应具有足够的光稳定性，其次要对对有机物最有害的波长范围内（一般为300 ~ 400 纳米）的光具有较强的吸收能力。这样只要很小的用量，就能起到足够的光稳定作用。另外，紫外线吸收剂完全可以透过可见光，不影响库内采光。

从化学结构特征来说，紫外线吸收剂有邻羟基二苯甲酮类、邻羟基苯并三唑类等。

中国科学院化学研究所研制并于 1982 年通过技术鉴定的 KH-1 型滤紫外光涂料和薄膜，已由江苏常州第二绝缘材料厂生产。KH-1 型滤紫外光涂料能过滤掉 99% 以上的紫外光，透光性较好，可见光透过率大于 99%。KH-1 型滤紫外光薄膜是在聚酯薄膜上涂上滤紫外光涂料制作而成，它的滤紫外光性能与涂料相同，可见光透过率为 85%，接近窗玻璃，适合于包裹日光灯管及其他需防紫外光的物品。

实测结果：当室外紫外光含量为 500 微瓦 / 流明时，涂刷前室内紫外光含量为 200 ~ 400 微瓦 / 流明，涂上 KH-1 型滤紫外光涂料之后，室内紫外光含量下降到 50 微瓦 / 流明。

第三，为防止或减少人工光源中的紫外线，库内使用人工光源时，以用白炽灯即普通的钨丝灯泡为好，不宜使用日光灯，因为日光灯发射出的紫外线比白炽灯多。

白炽灯发出的可见光成分中，长波光谱强，短波光谱弱，与天然光相较差别较大，呈红色。因此，相对来说紫外线所占比例较小。

日光灯又叫"水银灯"，也叫"荧光灯"。荧光灯管的内壁涂有荧光粉，管内充以 6×10^8 毫米汞柱的水银蒸汽和惰性气体，管端各有两个电极，与封在荧光灯管内涂有氧化钍的螺旋形钨丝和一对触须连通。通电加热灯丝，当其温度达到 850 ~ 900℃时，氧化钍开始发射电子，电子在电场的作用下获得高速度，冲击汞原子，使汞原子电离，由于氧化钍发射的电子和电离释放出来的电子迅速增加，所以在一瞬间出现电离的雪崩现象。汞原子电离时发射出波长为 253.7 纳米的紫外线，紫外线刺激管壁上的荧光粉发出可见光。因此，与白炽灯相比，日光灯发射出的光中，紫外线更多。库房人工光源如用日光灯，应有一定的防护措施，可用含有紫外线吸收剂的薄膜把整个管子包裹起来。

二、防有害气体与灰尘的措施

（一）正确选择档案库房的地址

正确选择档案库房的地址是防有害气体与灰尘的经济而有效的办法。档案库房的地址应该选择在不产生大量有害气体与灰尘的地区，不要把库址选在工业区、居民点或繁华的街道上。档案库房应建于这些地区的上风处，可大大减少有害气体与灰尘的影响。

（二）档案库房要实行密闭管理

档案存放可采取密封的或相对多层密封的方法，如用档案柜、档案箱、档案盒等，以减少有害气体，特别是灰尘对档案的破坏。国外也有用塑料薄膜密封保存档案的。

（三）绿化植物对环境保护有着积极的作用

对档案库房周围进行绿化，可以减少有害气体和灰尘对库房的影响。

绿化植物可以吸收有害气体。例如，二氧化硫是一种数量多、分布广、危害大的有害气体，大气中的二氧化硫除一部分散入高空被稀释外，大部分降落到地面上，其中少量能被雨水溶解渗入土壤中，剩余的则主要靠各种物体表面吸收。空气中的各种物体表面，不论是生物还是非生物，都有吸收二氧化硫的能力，但吸收快慢和单位面积吸收量的大小与表面的属性有关。各种物体表面中，以植物叶片的表面面积最大，一株植物的叶面面积要比它所占的土地的面积大得多。

因此，植物吸收二氧化硫的能力也比其所占的土地面积的吸收能力大得多。

硫是植物体中氨基酸的组成成分，也是植物所需要的营养元素之一，正常的植物中都含有一定的硫。二氧化硫被植物吸收后形成亚硫酸及亚硫酸盐，植物能以一定的速度将亚硫酸盐氧化为硫酸盐。如果大气中二氧化硫的浓度不超过植物的需要量，植物叶片就不会受害，并能不断吸收大气中的二氧化硫。随着植物叶片的衰老凋落，它所吸收的硫也一同落到地面。植物年年长叶，年年落叶，可以不断吸收有害气体，达到净化空气的目的。

植物，特别是树木，对灰尘有明显的阻挡、过滤和吸附作用。树木的减尘作用表现在两方面：一方面树木的枝冠茂密，具有强大的减低风速的作用，随着风速的降低，空气中携带的大颗粒灰尘就会下降；另一方面叶子表面不平，有些植物叶面表面多褶皱，有的树叶表面粗糙，有的树叶表面有绒毛，还有的树叶能分泌油脂等，这些特征都有利于阻挡、吸附和黏着灰尘。花卉和草皮也有一定的吸收有害气体和滞尘作用。因此，植物是大气的天然净化器和过滤器。

（四）净化和过滤灰尘与有害气体

使用空调装置净化和过滤灰尘与有害气体，一般能收到较理想的效果。这是使空气通过过滤器而实现的。

黏性冲击过滤器通常采用粗纤维被制成平的薄板状，它具有很高的通气性，在滤料上涂有黏性物质，其作用是黏附冲击纤维上的粒子。所采用的滤料，最普通的是玻璃纤维、金属丝、膨胀金属、金属箔片、成卷的滤网等。干式空气过滤器是由非常细微和紧密相连的纤维形成一个稠密的过滤层，滤料上没有黏附剂。静电过滤器则多用电极板静电过滤，即在高压电离导线上产生的正离子越过空气流，触击空气流可携带的所有灰尘粒子，并贴附其上，这些粒子随即进入带电的和接地的板极系统中。在那里，由于它们所携带的电荷和板极之间的电场力的作用，粒子被驱至板极上，因而被从空气流中分离出来。

黏性冲击过滤器的效率不如干式空气过滤器高，但其初投资及维护费用一般是较低的。目前干式空气过滤器的效率已接近静电过滤器，且成本较低。但这类过滤器还是比黏性冲击过滤器贵，压力损失也较大。静电过滤器初投资较高，但它的效率也较高，特别是当粒子非常细的时候。此外，静电过滤器也具有很低的压力降。

选择过滤器要考虑下面三个因素：第一，所要求的空气洁净度；第二，对从空气中除下的灰尘的处理；第三，所过滤空气中灰尘的数量和类型。这些因素决定了初投资、运行费用及需要维修的程度。

净化空气中的有害气体有洗涤、吸附、化学反应等方法，目前常用活性炭过滤器吸附空气中的有害气体。

如果库房采用少数通风口进行机械通风时，也可以在通风口采取简单的净化与过滤的措施。首先按通风口的面积大小做一个匣体，如果是过滤灰尘，可将不同孔径网眼的波纹金属网多层交错叠置在匣体内，沿着空气流动的方向，孔径逐渐缩小。使用前金属网要浸油（10 ~ 20*机油），使用后清洗可用浓度为10%的60 ~ 70℃的碱水，洗净后晾干浸油，再继续使用。如果是净化空气中的有害气体，可在匣体内填充活性炭。活性炭主要是采用有机物，如木材、果核、椰子壳等通过加热和专门的加工方法制成的。制成后的活性炭内部形成许多极细小的孔隙，从而大大增加与空气接触的表面积。1克（约2立方厘米）活性炭的有效接触面积约为1260平方米。在正常条件下它所吸收的物质等于自身重量的15% ~ 20%，当达到这种程度时，就需要更换活性炭。

（五）防止库房建筑内表面起尘

库房应选用质地坚硬耐磨、光滑易清洗的材料做围护结构的面层，以防建筑内表面起尘。这样做会使建筑投资增加，应根据条件，因地制宜采取适当措施。目前有些档案部门采用高分子有机涂料，喷刷库房地面或墙壁，这种方法比较经济，可以收到一定的效果。

（六）档案材料入库前应进行除尘处理

进入库房的工作人员应换工作服和拖鞋，必要时可在库房的入口处加设吹淋室（专门的"风浴"设备），用以吹除进入库房的人员和档案材料表面附着的灰尘。此外，经常做好库房清洁卫生工作，也能有效地降低库内的含尘量。

第二节　档案微生物的防治

一、微生物的基本知识

"微生物"是一群体形微小、构造简单（单细胞及接近单细胞，有的甚至没有细胞构造）的生物的总称。广义来说，微生物包括细菌、酵母菌、霉菌、病毒、放线菌、单细胞藻类和原生动物。狭义地说，微生物主要指细菌、酵母菌和霉菌。细菌和霉菌都能危害档案，但危害性最大的还是霉菌。

（一）细菌

细菌是单细胞微生物，每个细菌的菌体都只由一个细胞组成。根据细菌的形态，基本可分为三种：球菌、杆菌和螺旋菌。细菌的个体很小。球菌的直径为 0.5 ~ 2 微米；杆菌的大小差别较大，一般宽为 0.5 ~ 1 微米，长为 1 ~ 5 微米；螺旋菌宽为 0.3 ~ 1 微米，长为 1 ~ 5 微米。把 3 万个细菌排成一行，也不过 1 寸长；把 1 亿个细菌集中起来的总体积也只有 1 立方厘米。

细菌的繁殖是通过细胞分裂的方式进行的。这种生殖方法叫裂殖。生殖时，菌细胞先膨胀伸长，并在细胞中央部分生成隔膜，继而分裂为两个细胞。细菌在条件适宜时繁殖的速度是非常惊人的，新细胞成长至再分裂需要 20 ~ 30 分钟。例如，按 30 分钟分裂一次计算，一个细菌经 8 小时就可繁殖到 65536 个。当然，由于各种条件因素的影响，细菌的实际繁殖速度要比理论计算的速度低得多，然而仍是相当快的。

细菌细胞的构造，基本上包括细胞壁和原生质体（包括原生质膜、细胞质和细胞核）。有些细菌还具有荚膜、鞭毛和芽孢。

芽孢是许多细菌发育的某一阶段中，在细胞内形成特殊的、圆的或椭圆形的构造。产生了芽孢的细菌不再繁殖，且失去活力，往往细胞壁破坏后，芽孢也就脱离细胞而出。当芽孢落入适宜的环境中，便开始吸收水分与养分渐渐膨胀，体积增大，外壁破裂，逐渐发育成新的细菌细胞。细菌的芽孢往往是在不良的条件下形成的。由于芽孢的含水量很小，且具有不易渗透的脂肪质厚壁，所以芽孢对于不良的外界环境条件有很强的抵抗力。芽孢含水量少，且多为结合水，能耐高温。有的芽孢（枯草杆菌）能在 100℃ 高温下坚持 3 个小时不丧失活力。因此，高压灭菌时需要在 120 ~ 150℃ 的温度下才能彻底消灭芽孢。芽孢具有不渗透性外壁，对化学毒物也具有极大的抵抗力，如芽孢在 5% 石炭酸溶液中能维持 15 日之久。总之，细菌的芽孢只是细菌的休眠体，也可以说是细菌抵抗恶劣环境保证其存在的适应方式，有许多细菌的芽孢可以保存其活力达数十年甚至数百年之久。

（二）霉菌

霉菌在各类微生物中是数量最多、分布较广的一种。由于霉菌对一些复杂的有机物（纤维素、淀粉、蛋白质等）具有较强的分解能力，因而对档案制成材料危害较大。

霉菌的菌体是由菌丝组成的。许多菌丝聚集在一起形成菌落，所以菌落是由许多单个菌丝交织而成的，其形状有绒毯状、棉絮状或蜘蛛网状等，我们平时所看到的物体上的霉层就是菌落。霉菌的菌丝多是白色或浅色。菌落形成后，在菌丝的顶端逐渐长出各种颜色的孢子，从而使菌落带有一定的颜色。不同菌种具有不同的颜色，如绿、黄、青、棕、橘、粉红等。有时菌丝也能分泌一些色素，扩散到寄生的物体上，使其局部着色。

霉菌的生长过程始于孢子发芽长出菌丝。菌丝可分为两种：一种为营养菌丝，往往伸入寄生物的内部或蔓生于寄生物的表面，可摄取营养物质或排出废物；另一种为气生菌丝，其直立于空气中，因其具有产生孢子而繁殖的功能，又叫"生殖菌丝"。

霉菌是个体最大的微生物，霉菌平均宽度为 3 ～ 10 微米，比一般细菌的宽度大几倍到几十倍。霉菌菌丝的结构有两种类型：一种为单细胞结构，即整个菌丝由一个细胞组成，无隔膜，菌丝生长过程只是细胞个体的增大，而没有细胞数目的增多，毛霉就是这种类型；另一种由多细胞组成，菌丝内有隔膜，菌丝生长过程也是细胞分裂的过程，曲霉、青霉都属于这种类型。

霉菌的繁殖速度是非常快的，每一平方厘米的霉层上能有几千个孢子头而每个孢子头内又有成千上万个孢子。例如，黑曲霉的一个孢子发芽生长后，短期内可生出上千个孢子头，每个孢子头内又有 7 万多个孢子，在几天内就可生出7000 多万个孢子。霉菌孢子体积小、重量轻，可借助流动的空气传播到各种物质上，在条件适宜时又发芽、生长、繁殖。霉菌孢子也具有像细菌芽孢那样的抗恶劣环境的能力。危害档案的霉菌有毛霉、青霉、曲霉、大孢霉、芽枝霉、镰刀霉属等。

从以上介绍的情况可以总结出霉菌具有两个特点：第一，繁殖力强，速度快，体积小，分布广；第二，细菌的芽孢和霉菌的孢子具有较强的抵抗不利环境的能力，能长时间保持活力，条件适合时又可生长。因此，档案库房防霉的主要方法是消除霉菌的生长条件，但是使库房处在无菌状态是不可能的。

二、防霉

（一）药剂防霉

防霉药剂的种类有很多，但大多数防霉剂须在生产中加入或涂在物品上才能起到防霉的作用，不适于档案防霉。适用于档案的防霉药剂应该是气相的，即具有挥发性，而且要符合一定的要求：第一，具有足够的钻透性，药效好；第二，挥发出的气体对人无害；第三，对档案制成材料耐久性无不利影响；第四，价格比较便宜。因此，目前适用于档案防霉用的药剂比较少。

1.3 号中药气相防霉剂

3 号中药气相防霉剂，从 3 种药材中提取 4 种具有抗霉性的成分配制而成。经实验研究，它对 46 种霉菌中较为顽固的霉菌谱（由黑曲霉、米曲霉、溜曲霉、黄曲霉、托姆青霉、产黄青霉、常见青霉、薇紫青霉、绿色木霉 9 个菌株组成）有良好的抑制效果。用其对纸张熏蒸两个月，对纸的拉力、白度无影响。用其对广告画颜料熏蒸 5 个月，对国画颜料熏蒸 1 个月，也都没有影响。在急性毒性试验中，小鼠口服给药试验，无毒性影响。这些中药材在我国长期被使用，对人体无不良反应。

经 0.65 立方米、6 立方米、60 ~ 70 立方米应用试验，空气中防霉剂浓度为 1 立方米空间 1 克，保持相对湿度 80% ~ 88%，室温 28 ~ 33℃，在试验品上喷霉菌孢子，观察 3 个月，未发现霉菌生长。

3 号中药气相防霉剂对各种档案字迹耐久性的影响尚需进一步试验研究。

2. 香叶醇长效抗霉灵

香叶醇又名"牻牛儿醇"，是多种中草药、油所含的一种含氧单萜类成分，其分子式为 $C_{10}H_{18}O$，分子量为 154.25。香叶醇天然存在于香茅、香天竺葵、蔷薇、掌玫瑰、香叶、九里香等多种中草药中，为无色至淡黄色液体，具有特殊香味。可溶于大部分挥发油、矿物油及丙二醇等，但不溶于甘油、水。沸点为 230℃，比重 0.8894。本品是从香茅草中提取的总挥发油，经化学处理而得，有效含量为 90%。

在抗霉菌实验研究中，选用档案上常见的杂色曲霉、产黄青霉、淡紫青霉、黑曲霉、高大毛霉、黄曲霉、腊叶芽枝霉、交链孢霉、葡柄霉、黑根霉 10 种霉菌，对它们进行熏蒸抗霉效果、直接抗霉效果和抗纸张霉变效果试验，结果证明抗霉效果良好，其抗霉菌作用为杀菌作用。

在对档案制成材料的耐久性影响的试验研究中，选定 4 种纸张、10 种字迹材料，在 $9.3g/m^2$ 的高浓度下，封闭熏蒸 4 个月，然后进行测试鉴定。纸张的铜价、pH 值、白度、拉力、耐折和撕裂度，以及光（30W 紫外线灯，35 小时）、热（100℃，72 小时）老化后的各项测试数据，与对照组对比均无明显变化。10 种字迹的色差值都在微量变化或极微量变化范围内。

香叶醇对人无毒副作用。国内有人报道在小白鼠灌胃、亚急性毒性试验中未见其有明显毒性反应及病理变化。临床上用于治疗慢性气管炎，对心、肝、胃等主要脏器无明显毒副作用。据《世界精细化工手册》记载，以 10000 ppm 剂量给大鼠口服 16 个星期，然后降为 1000 ppm 剂量继续口服 27 ~ 28 个星期，未发现任何异常症状。因其具有蔷薇花样香味，还可以作为食品香精使用，故用于档案防霉时对人是安全的。

在防止档案霉变的实用研究中，在雨季分别对北京、苏州、无锡等地的档案馆进行试验。在档案箱中放入各种纸张档案，有的用霉菌孢子混合液接种，有的不接种。药物组放入香叶醇，对照组不施药。在同等条件下（一般温度在 25℃以上，相对湿度在 85% 以上），观察 2 个月以上，结果对照组档案有霉菌生长，而药物组均无霉菌生长。

剂型研究表明，香叶醇为一种液体挥发油，用于档案防霉，但使用不便，且易弄脏档案。为改变剂型，需研制一种无机释放载体，能收容挥发油，控制挥发速度，固化成片剂。目前确定的剂型是 1 克释放载体收容 1 克香叶醇，压制成片剂，释放速度为至少一年内有效。此药在江西省档案局已批量生产。

（二）改善档案保护条件防霉

接收档案入馆应进行严格检查，发现有档案生霉现象要进行消毒后才能入库房，以防把霉菌带入库内。

加强库房的温湿度管理，控制库房的温湿度是防霉的重要措施。要注意控制库房的湿度，特别在梅雨季节更要注意把库房湿度控制在标准范围内，保持库房干燥可减少发霉情况的发生。

搞好库房的清洁卫生。霉菌的孢子往往附着在灰尘上到处传播，库房中灰尘多，就意味着霉菌孢子多。注意库房清洁卫生，及时打扫并把霉菌孢子清除出去，可以减少发霉的隐患。

（三）气调防霉

多数霉菌在有氧条件下才能正常发育繁殖，如果用氮或二氧化碳全部或大部分取代保存环境中的空气，霉菌就不能生长了。这种方法要求密闭条件必须好。

三、消毒

消毒的方法有很多，但高温高压、紫外线消毒等都不适用于档案消毒，因其对档案制成材料耐久性影响太大。目前档案消毒只能靠药剂。

（一）适用于档案消毒的药剂

1. 甲醛

甲醛又叫"蚁醛"，目前市场上出售的是 37% ~ 40% 的甲醛水溶液，为了防止甲醛聚合，可加入 8% ~ 10% 的甲醇。

甲醛有刺激性气味，其消毒的作用机制是使菌体内蛋白质凝固，但甲醛对人的黏膜有刺激作用，接触可能会灼伤皮肤。

甲醛对档案纸张和字迹材料无影响，但对皮革有影响。

甲醛易汽化，可作熏蒸消毒使用，但甲醛钻透力不强，散气较慢。一般多在小范围内使用。

2. 环氧乙烷

环氧乙烷在低温时为无色液体，沸点为 10.7℃，冰点为 –111.7℃，在空气中挥发快，常温下是气体状态，气体比重 0.89。浓度较低时，能刺激鼻眼黏膜，使人无法忍受，是一种适于低温下使用的熏蒸剂。

环氧乙烷具有良好的杀菌性能，可作防除各种霉菌之用。环氧乙烷钻透力强，散毒容易，其对虫卵有较强的毒杀效果，也是一种杀虫药剂。

据资料介绍，环氧乙烷对档案制成材料没有影响。

环氧乙烷对高等动物具有毒性，空气中含 750 ppm 时，人在其中呼吸 30 ~ 60 分钟就有致命危险；含 50000 ~ 100000 ppm 时，能使人很快死亡。

环氧乙烷与空气中的氧混合能生成爆炸性气体。环氧乙烷气体在空气中着火浓度范围为 75 毫克 / 升 ~ 1440 毫克 / 升，一般使用虽达不到这个浓度，但施药后毒气尚未扩散均匀时，仍有很大的着火爆炸危险。因此，环氧乙烷常与二氧化碳混合使用，其比例为 7：1 ~ 10：1（环氧乙烷为 1）。

（二）消毒方法

1. 个别档案文件用甲醛液消毒

个别档案文件发霉，可用甲醛溶液消毒。方法是用夹子夹住脱脂棉球蘸上甲醛溶液，再往档案发霉的地方擦。进行这种消毒工作时，应在通风橱中进行，如无这种设备，要在库外做。因为用甲醛溶液棉球擦霉层时，有的霉层可能会脱落，其中的孢子会散到空气中，若在库内进行，孢子仍落到库内。另外，甲醛溶液挥发的气体对人有刺激作用，也不宜在库内进行。在库外操作时，人要站在上风处，减少甲醛对人的刺激。还应注意，如果档案字迹遇水扩散，则不能用甲醛溶液消毒。

2. 简易消毒箱甲醛熏蒸消毒

这种消毒箱是一个密封程度较高的木箱，在箱内下部 10 ~ 15 公分处放置活动的木条格板，把案卷竖放其上，开口处应稍敞开，便于甲醛气体的钻入。在箱外加热甲醛溶液，使其汽化后通入箱内。箱内温度保持在 20℃左右，不能太低，密闭处理 24 小时。

3. 真空消毒箱环氧乙烷消毒

真空消毒箱一般分为三个部分，即消毒箱、真空泵及气体发生器。

消毒箱是一个金属制成的卧式长筒，箱内设有便于放置档案的活动架子，装取档案时可顺轨道将架子推进或拖出。两端（或一端）有密封程度非常高的密封门。

真空泵是由一个电动机和泵构成，有管道与消毒箱相连，可以抽出消毒箱中的空气，使消毒箱内成真空状态，以利消毒。

气体发生器主要是借助高温或减压使药物汽化，并沿输送管进入消毒箱进行消毒。

由于箱内有自控加温设备，不受外界气温变化的影响。箱内处于真空，加强熏蒸毒气的钻透力，可提高消毒效果。

有的真空消毒箱带有尾气处理设备，熏蒸后需要放气时，使毒气经过尾气处理设备进行处理，变为无毒气体放出，可避免对环境的污染。

第三节　档案害虫的防治

一、防虫

（一）库房建筑

新建或改、扩建档案馆时，应按照 JGJ25–2010 中的相关规定进行，并做到以下几点。

1）档案馆选址，应远离池塘低洼地带，防止害虫滋生；远离粮库、医院、住宅区等，防止害虫传播；在有白蚁活动的地区，应作地基防蚁处理。

2）库房地基应采用钢筋水泥或石质结构。

3）门窗密闭性能好。

（二）档案入库消毒

新建或改、扩建的档案库房、新进档案柜架等装具、新接收进馆档案、在虫霉活动频繁期调出库超过 24 h 的档案等，在档案入库前应进行消毒。

1. 空库及档案装具消毒

（1）拟除虫菊酯消毒

将拟除虫菊酯药液对空库的四壁、档案装具（金属装具除外）等进行喷雾。药剂的剂量及密闭时间参见其使用说明书。例如，溴氰菊酯药剂消毒的参数是：将 2.5% 溴氰菊酯乳油或可湿性粉剂用清水稀释成 0.1% 的药液进行喷雾，剂量为（5 ~ 10）g/m^2，密闭 12 ~ 24 h。

（2）紫外线灭菌灯消毒

紫外线灭菌灯安装数量应根据房间面积大小与空气污染程度而定，一般每 $10m^2$ 设置 1 ~ 2 只 30W 灯管。消毒时应关闭门窗，每次时间不少于 1h，自灯亮 5 ~ 7 分钟后开始计时。照射过程中，工作人员禁止入室。

2. 新进馆档案消毒

建立健全新进馆档案消毒制度。新进馆档案经仔细检查后，区别不同情况，采取物理或化学杀虫、灭菌的方法进行消毒。档案入库前，对消毒效果进行检查。档案馆的档案消毒设施，应按照 JGJ25-2010 中的相关规定进行。

（三）改善档案保护条件，防止害虫发生

1. 入库前检查是否有虫害迹象

接收档案入库时应进行检查，发现有虫害迹象，要进行杀虫处理后方可入库。

2. 控制调节温湿度

档案害虫生长繁殖的最适宜温度为 22 ～ 32℃，最适宜湿度在 70% 以上。如果把库房温度控制在 20℃ 以下，湿度控制在 65% 以下，档案一般不会生虫。例如，上海市档案馆把库房湿度控制在 65% 以下，再加上其他管理措施，库房多年不放药也未发生虫害。

3. 搞好库房的清洁卫生，不堆放杂物，以免害虫滋生

档案害虫对生活环境的要求是潮湿、温暖、肮脏，它们喜欢在洞孔、缝隙、角落及阴暗处栖息活动。清洁卫生既是对害虫生长发育不利的环境条件，也是阻碍害虫的发生或发生以后因不适应环境而渐趋死亡的一种限制性措施。

档案库内要经常保持四壁、天花板、地面和柜架清洁，无洞穴、缝隙，对库内阴暗、潮湿的角落，应注意清洁消毒，以防害虫滋生。

在库内不应堆放任何杂物，也不应带进可食物品。待处理或待销毁的案卷要保存好，不要随意堆放，由于长时间无人翻动，其易生虫而污染其他档案。

书籍资料要妥善保管，因为书脊使用糨糊、胶水，装订密实，害虫也常常因此发生，引起蔓延。

4. 定期检查，破坏档案害虫的生态环境

档案进入库房之后，除了整理、利用以外，通常都处于静止状态。如果没有特殊原因，往往放在那里很少移动。这种相对稳定的环境，有利于害虫的生长繁殖，有可能造成害虫的大量发生和危害。如果定期检查，翻动案卷，就会破坏档案害虫稳定的生态环境，使其生长发育受到限制，甚至死亡。古语云"流水不腐，户枢不蠹"，就说明了这个道理。

二、杀虫

（一）化学杀虫法

化学杀虫法就是把杀虫药剂直接接触害虫的躯体或害虫的食物、栖息场所等，然后通过害虫取食、活动或其他接触方式，使药剂进入虫体，造成害虫生理、生化上的变化（破坏生理代谢过程，如呼吸、神经传导等），导致害虫中毒死亡。这种方法既能歼灭大量害虫，又能预防害虫的传播，有防与治的作用。

用化学药剂防治害虫有很多优点：第一，杀虫效果比较彻底，对任何一种害虫及其任何发育阶段，都能把它们消灭；第二，杀虫作用迅速，在短时间内能歼灭大量的害虫；第三，相对来说处理费用较低，省工省力。

杀虫药剂种类很多，按其侵入虫体的途径进行分类可分为三类。第一类，胃毒剂。通过害虫的口器进入消化道后引起中毒死亡的杀虫剂，如砷素剂、氟素剂等。第二类，触杀剂（接触剂）。通过害虫表皮进入虫体，引起中毒死亡的杀虫剂，如 666、敌百虫等。第三类，熏蒸剂。利用易于挥发的药剂的蒸气，通过害虫的呼吸系统或由体壁的膜质进入虫体引起中毒死亡的杀虫剂，如溴甲烷、磷化氢等。由于档案害虫大多是藏在案卷内蛀食档案，因此只有熏蒸剂才适于毒杀档案害虫。

化学杀虫有许多优点，是目前毒杀档案害虫的一种主要方法。但是，化学杀虫有严格的技术要求，使用时需要熟练的应用技术、严格的操作规程、严密的防护措施等，否则就会产生杀虫效果不好，影响操作人员的健康与安全等问题。

1. 几种毒杀档案害虫的熏蒸剂

（1）环氧乙烷杀虫

环氧乙烷杀虫有杀灭档案虫霉的作用，技术方法和注意事项如下。

1）环氧乙烷是一种熏蒸剂，毒性大，危险性高，应由专业人员使用专用设备操作。

2）环氧乙烷杀虫应在密闭空间进行，熏蒸室要求温度在 29℃以上，相对湿度在 30% ~ 50%。

3）环氧乙烷极易燃烧，一般以 1：9（重量比）的比例与二氧化碳或氮气混合，装入钢瓶使用。

4）用药量：常温常压下用药量为 400g/m²，密闭 24 ~ 48 小时；真空熏蒸杀虫为（150 ~ 300）g/m²，密闭 10 ~ 24 小时。

5）环氧乙烷对人接触的极限是 50ppm，工作人员应严格采取防护措施。

6）使用环氧乙烷气体进行熏蒸时，档案盒之间应留有间隙。

（2）硫酰氟杀虫

硫酰氟熏蒸剂是呈分子状态的气体，具有很强的扩散和渗透力，能通过虫孔和其他缝隙穿透到被熏蒸物内部，在杀虫后逸出消失。

其对潜伏在各种物品内的有害生物同样有效。技术方法与注意事项如下。

1）应在专用的、密闭性能好的消毒空间或容器内杀虫。

2）由专业人员佩戴防毒面具、防护服进行操作。

3）常温常压下每立方米使用剂量为 10 ~ 40g，密闭 48 ~ 72 小时。

4）消毒结束后应立即通风，并检测药剂残留量，残留量低于 5ppm，人员方可进入。

（3）拟除虫菊酯类杀虫剂杀虫

拟除虫菊酯类杀虫剂杀虫有高效低毒、杀虫谱广、消灭库内外档案害虫、建立隔离带、营造档案保护环境的作用。杀虫方法和注意事项如下。

1）主要采用喷洒或雾化的方式杀虫。

2）主要用于新建库房、库房周围环境、新购档案装具（金属装具除外）的消毒。

3）不能直接作用于档案，防止药剂水迹影响档案及其载体。

4）药液浓度与稀释程度参见该药剂的使用说明书。

2.影响熏蒸毒效的因素

（1）熏蒸剂的理化性质与毒效的关系

熏蒸杀虫的毒效不仅取决于药剂本身的毒性，而且在很大程度上与其理化性质有关。

1）熏蒸剂的挥发性。挥发性是指液体或固体转化为蒸气或气体的能力。这种能力的强弱与熏蒸剂本身及其所处的环境条件有关，同时也直接影响杀虫效果。良好的熏蒸剂必须有较好的挥发性，才能迅速形成有效的浓度，使害虫很快死亡。

熏蒸剂挥发性的大小，与其沸点及蒸气压的高低有关。在一定温度与气压下，熏蒸剂的沸点越低，其挥发性就越强，蒸气压也就越大。相反，沸点高的熏蒸剂，其挥发性就弱，蒸气压也小。

此外，熏蒸剂的挥发性还与环境温度及药剂的表面积有关。环境温度越高，熏蒸剂的挥发性越强；反之，环境温度低，熏蒸剂的挥发性就弱。液体熏蒸剂还与其表面积成正比，即表面积大，挥发速度就快。

2）熏蒸剂的扩散性。熏蒸剂挥发成蒸气后，它会均匀地扩散到整个熏蒸范围，形成有效浓度，才能杀死案卷内的害虫。因此，熏蒸气体的扩散性也是决定毒效的因素之一。气体的扩散性与其分子量有关：在常温常压下，气体分子量越大，扩散速度越慢，分子量越小，扩散速度越快。磷化氢分子量小，扩散快，易于渗入卷内，但也容易外逸，因此对密闭要求更严格。温度也是影响气体扩散的重要因素，温度高，气体扩散快，反之则慢。因此，高温下熏蒸，气体均匀分布的程度就好。

3）熏蒸剂的钻透性。熏蒸剂形成气体后，由于气体扩散运动产生一定压力，使毒气具有透入物体的性能，这种性能称为熏蒸剂的"钻透性"。由此可知，熏蒸剂的钻透性是以蒸气分子的扩散运动为基础的。因此，凡是影响扩散性的因素都可能影响钻透性。除此以外，熏蒸剂的钻透性还与被熏物的性质、储存形式及孔隙度等有关。案卷放的松紧程度也将影响毒气的钻透性。

4）熏蒸剂的相对密度。在熏蒸操作中，毒气的相对密度也是不可忽视的因素，因为它关系到毒气的分布。相对密度大的毒气，通常在库房的中、下部位浓度较大，为了取得更好的毒效，对相对密度大的溴甲烷等，应在上方施药，对略重于空气的磷化氢可在地面施药。

5）熏蒸剂的燃烧性。熏蒸剂汽化以后，以一定的浓度在一定温度下与空气中的氧气发生化学反应而发生的燃烧特性，叫作熏蒸剂的"燃烧性"。如熏蒸剂中的磷化氢具有燃烧性。在熏蒸时如发生了燃烧现象就会降低药效，甚至发生燃烧事故。所以燃烧性是熏蒸剂的不良特性，要特别注意。可与不易燃的药剂混合使用，或加入一些防止燃烧的药物，这是避免燃烧的有效方法。注意施药方法和掌握环境条件则是防止燃烧的有力措施。

（2）环境条件与熏蒸毒效的关系

1）闭密程度和时间对熏蒸毒效的影响。毒气分子在扩散运动中的一个重要特性，就是要占据较大的空间。如果在密闭范围内有细小的缝隙，毒气分子就能通过这些缝隙外逸，从而降低毒气浓度，影响杀虫效果，威胁环境安全。因此，熏蒸时的密封、查漏、测毒也很重要，它是安全和效果的重要保障。

密闭时间与药剂毒效的关系：在条件相同的情况下，药剂浓度大，密闭时间即可缩短；反之，密闭时间就应延长。不过在实际熏蒸时，药剂浓度与熏蒸时间如何配合，还要考虑许多因素的影响，如闭密程度、被熏物质量与耐药力、堆放形式、熏蒸时的温湿度及害虫种类与发育状况等。因此，应全面考虑各种因素的作用，才能保证杀虫效果，符合安全、经济的原则。

2）被熏物与药剂之间的化学作用对熏蒸毒效的影响。在某些条件下，被熏物与药剂的化学作用也能影响熏蒸效果。例如，溴甲烷，当挥发成蒸气后，溴离子可以与被熏物所含脂肪的未饱和双键起加成反应，因而影响了熏蒸浓度。

3）物体的吸附性对熏蒸毒效的影响。在熏蒸过程中，熏蒸场合的各种物体，如档案、卷皮卷盒、档案柜架、建筑物等都能把毒气分子吸附在自己的表面，这种现象叫物体的吸附性。物体吸附的毒气越多，空间毒气的浓度就相应地降低，杀虫效果也就受到影响。

4）温湿度对熏蒸效果的影响。当环境温度较高时，一方面能改善熏蒸剂的物理性能；另一方面又能加速害虫的生理活动，促使较多的毒气分子侵入虫体。另外，温度高时，档案及其他物体的吸附性也比较弱。因此，温度高对提高熏蒸效果是有利的。

湿度应包括环境湿度和档案纸张的含水量两个方面。因为湿度与水分对熏蒸效果都有影响。湿度大，害虫的呼吸、生长、发育等生理活动较为旺盛，害虫中毒死亡的速度也较快。但是，从一般熏蒸剂的理化性质来看，湿度大则会引起药剂物理性能减弱，吸附增加，影响空间浓度。但磷化铝、磷化钙的分解需要足够的水分。权衡利弊，一般来说，在高湿的天气或雨天是不宜熏蒸杀虫的。

（3）不同的虫种、虫态和生理状态与熏蒸毒效的关系

1）不同种类的害虫，由于其生活习性、生理机能、接受药剂的方式和程度不同，对熏蒸剂的敏感程度（或抗药性）也不同。

2）同一种类昆虫，由于所处的发育阶段不同，形态和生理机能不同，对药剂的反应差别也很大。通常卵和蛹期的抗药性较强，幼虫和成虫期的抗药性较弱。因此，掌握各个虫态的弱点，确定合理用药量和施药时期是非常重要的。

昆虫卵期对药剂的抵抗力一般均较强。这主要是由于卵壳和卵黄膜的保护，药剂不易透入。在卵的不同阶段对药剂的抵抗力是不一样的。在卵发育中期及中

期以后施药，其毒杀作用比卵处于发育前期大，这显然与前期呼吸缓慢及胚胎神经在中期以后才出现有直接关系。不过一般熏蒸剂多数对卵都是有毒杀作用的，这可能是因为气体分子更易通过卵孔直接作用于胚胎的关系。

通常幼虫期对药剂的抵抗力较弱，但随着虫龄的增长，其抗药性逐渐提高。这主要是由于幼虫表皮随着龄期增长而加厚变硬，药剂透入体内较难。同时，体内脂肪含量增加，提高了对脂溶性药剂的贮存能力和解毒代谢速率，从而降低了药剂的毒性。刚脱皮的幼虫对药剂敏感，这是由于表皮薄而软，孔道内充满原生质，毒物容易侵入体内。

蛹期由于蛹壳有一定的保护作用，药剂不易透入。同时，因为蛹期的新陈代谢缓慢，呼吸率低，这就更促使蛹对杀虫剂具有较大的抗性。在整个蛹期中，早期是组织分解时期，后期是组织形成时期，在这两个时期中的新陈代谢及呼吸率均较中期高，因而对药剂的敏感性较强，中期的抗药性则最大。

成虫期和幼虫期一样，对药剂也是比较敏感的，尤以初羽化时及临近死亡时较显著。但是，成虫对杀虫剂的抵抗力不像幼虫那样有规律，由于性别引起对药剂抵抗力的差别极为普遍，一般是雌性比雄性的抵抗力强。

3）生理状态和营养条件。害虫生理状态不同，对药剂的反应敏感程度也有差异，通常越冬虫期对药剂的抵抗力较强。这是由于呼吸率及新陈代谢率降低，体内脂肪积聚。处于饥饿状态的害虫，体内肝糖及脂肪均有减少，因而对药剂的抵抗力也减弱。此外，害虫的营养条件也能造成抗药力的差异。其原因除营养不同引起脂肪量及质的变化外，还可能受其他生理变化的影响。

（二）物理杀虫法

1.高温或低温杀虫

温度对档案害虫的发育、生长与繁殖有很大影响。环境温度的变化对害虫生命活动既有促进作用，也有抑制甚至破坏作用，但害虫对环境温度的变化有一定适应能力。当它在一定的高温时，会用蒸发体内水分的方式来调节或降低体温；如果环境温度变得过高或过低，但还不到致死高温或致死低温的界限时，害虫能改变它的生理活动来适应生存，如高温的夏眠和低温的冬眠。当环境温度急剧变化时，能以迁移活动等方式来躲避它所不适宜的温度刺激，选择适宜的场所栖息，所以害虫在有效温区范围以内是不容易死亡的。因此，为促使害虫在较短的时间内死亡，必须创造害虫所不能忍受的致死高温或致死低温，才能彻底杀灭害虫。在通常情况下，高温的杀虫效果好，作用时间短的低温致死过程比较复杂，这既与低温的寒冷程度有关，也与低温的作用时间有关。

（1）高温致死过程与致死原因

当环境温度急剧升高到害虫不能忍受的致死高温时，害虫的生理代谢速度很快，表现出过分的兴奋活动。进行不正常的爬行、飞翔，呼吸旺盛，体内养分过量消耗。经过一段时间以后，呼吸强度又急剧下降，处于热麻痹或热昏迷状态，从而会很快死亡，而且这种死亡是不可逆转的。致死原因如下：

第一，虫体水分过量蒸发。在致死高温条件下，害虫的生理代谢率增强，需要吸取大量的氧气，促使气门开放，这时虫体内的水分也从气门溢出，造成虫体失水；高温破坏害虫体壁的护蜡层和蜡层，使虫体大量失水；失水过多又导致虫体内的盐类浓度增高，造成代谢障碍、生理机能失调，以致死亡。

第二，虫体的蛋白质凝固。蛋白质是虫体的重要组成成分（细胞原生质、肌肉纤维、血液等），它在高温下就会凝固，引起虫体组织破坏致死。但是，蛋白质的凝固温度因其含水量不同而异。含水量多的蛋白质容易凝固，凝固温度也就较低；含水量少的，凝固点就高。因此，发育生长中的虫期，高温杀虫效果就彻底。

第三，虫体的类脂质液化。害虫的神经系统和细胞原生质含有程度不等的磷脂、糖脂、固醇、脂蛋白等，它们的性质类似脂肪；虫体内又有大量的脂肪体，它们在高温下容易熔化变性，导致组织破坏而死亡。

（2）低温致死过程与致死原因

当环境温度下降到零下若干度，害虫体温也随之下降，在这样的低温下，害虫体液处于冷却状态。由于体液在结冰时就放出结晶热，而使体温短暂上升，这种上升的温度不可能超过零度。这时害虫体液虽已冷却，但细胞结构尚未破坏，如果温度迅速回升，害虫仍能保持生命力。如果温度继续下降，害虫体液开始结冰，但在体液完全冻结以前，细胞结构还未受到破坏，害虫还保持微弱的生命力，如及时得到适宜的温度，也同样能复苏。只有温度过低或时间较长，当害虫体液完全冻结时，虫体组织遭受破坏，才能造成害虫的死亡。害虫在低温作用下的致死过程是比较复杂的，也是害虫耐寒性的表现。因此，低温杀虫时，就要讲究低温的寒冷程度，作用时间也较长。

害虫在低温下致死的因素也是比较复杂的，总的原因有以下几点。

第一，新陈代谢停止。在长时间的冷麻痹下，最终因代谢停止而死。

第二，细胞膜破裂。细胞内、外的游离水结冰，因体液结冰（扩大冰晶体积）而使细胞膜破裂致死。

第三，细胞原生质失水。细胞结冰会使原生质失水而浓缩，并造成代谢物累积中毒而死。

第四，酶的活动抑制。酶是生理活动的介质，酶失去了活性，生理机能就会停止。

第五，尿酸盐中毒。由于细胞大量失水，细胞内的盐类浓度增大，引起尿酸盐中毒而死。

高温、低温杀虫的优点是安全、无毒，无须使用化学药品，但创造较长时间、稳定的高温或低温环境是比较困难的，尤其使整个库房具备这个条件是很难做到的。因此，不能像化学杀虫法那样大规模地毒杀档案害虫，只能在高温或低温设备中，对小量档案进行杀虫。20世纪50年代，档案部门曾用土办法（火墙）进行高温杀虫，由于温度控制不住，温度过高而影响了档案制成材料的耐久性。低温杀虫难度更大，创造低温条件更不容易。档案生虫大多数发生在南方，库房温度冬季也达不到0℃。因此，高温或低温杀虫未能普遍推广使用。

2. γ射线辐照杀虫

γ射线能摧毁有机体细胞，杀灭档案害虫。据试验，16万伦琴的剂量可以杀死档案害虫，对档案纸张和字迹材料无明显的不利影响。问题是要想达到实用，必须使用专用设备。我国有钴-60放射源的地方不是很多，而且放射源是用于搞研究工作的，档案需要杀虫时，就要把档案运到有放射源的地方，而且每次处理的数量有限。据资料介绍，国外已有用于档案、图书辐照杀虫的专用设备。

（三）除治白蚁的方法

1. 蚁路施药

利用白蚁相互舐吮的习性，将各种有毒药剂喷在蚁路上，使其通过传递导致白蚁大量死亡。杀灭白蚁的药物，常用的有灭蚁灵和亚砷酸两种粉剂，主要是利用白蚁身上有无数细毛容易沾染药粉的特点。

灭蚁灵：纯品以洁白粉状结晶，无臭，性能稳定，是慢性胃毒药，对人畜较安全。

亚砒酸：即亚砷酸，为白色粉末或结晶，是剧毒物品，成人误食 0.1 ~ 0.2 克即能致死，使用时应严格注意安全。配方一般为亚砒酸 46%、水杨酸 22%、滑石粉 32%。

施药做法是选取适当部分把蚁路挑开一个长 1 ~ 2 厘米的缺口，观察来往的白蚁比较频繁并有兵蚁护卫蚁路和有工蚁修补时，可对准缺口向蚁路两端轻轻喷药，药品喷成雾状，不要将蚁路堵塞，施药后将蚁路封闭好。

2. 挖巢

要彻底消灭白蚁，应挖掉蚁巢。白蚁蚁巢的位置可根据以下迹象，跟踪去找。

第一，危害点。凡是白蚁活动最多、危害最严重的地点，蚁巢可能即在附近。

第二，蚁路。蚁路是白蚁外出取食的通道。接近蚁巢的蚁路较粗，离巢越近则越粗，蚁路也多而集中。可稍稍破坏一段进行试探，如修复速度很快，说明附近可能有蚁巢，先修复的一段大都是蚁巢所在的方向。

第三，吸水线。吸水线是白蚁专为通往水源取水的通道，形状类似蚁路，但较粗而直，位置一般接近蚁巢。吸水线比较隐蔽，可从水源附近找起。

第四，排泄物。白蚁的排泄物一般呈深褐色，在蚁巢附近往往堆积较多。

第五，分群孔。分群孔是有翅繁殖蚁分群移殖的出口，用泥土、排泄物等做成，其外形稍凸起，呈条状或木耳状。位置一般在蚁巢上方，距蚁巢一米或数米远的地方。

第六，空气孔。空气孔是白蚁用以调解巢内温湿度的气孔，似芝麻大小，呈连串珠或不规则的点孔状，常出现在蚁巢的上方或周围。

第七，一般在每年五六月间，凡发现繁殖蚁大量飞舞或脱翅较多的地点，附近可能有蚁巢。

以上七个外露迹象中，最主要的是空气孔，因它最接近蚁巢，其次是排泄物和分群孔。其他迹象对找巢也有较大的帮助，可以作为找巢的线索。

第四节　档案的除污加固与字迹恢复

一、档案的除污技术

档案在形成、管理、利用等过程中，由于某种原因有时会沾染上各种污斑。这些污斑如果长期留在档案上，会影响档案的利用或档案制成材料的耐久性。因此，需要采取一定的技术方法将污斑除掉。一般常见的污斑有水斑、泥斑、油斑、蜡斑、霉斑、颜色斑等。除污的方法很多，要视具体情况选用。

（一）机械除污

机械除污是借助手术刀、毛刷等工具，依靠机械的力量，将污斑全部或大部除掉。这种方法一般用于基础较坚固，而污斑易除或污斑较厚的档案。

第一，机械除污时，不需清理的部分或由于纸面过大需要下一步清理的部分，必须用白纸盖住，以免清理掉的污斑微粒落到这些地方。

第二，使用手术刀除斑时，应使刀刃跟纸面呈很小的角度。通常是从纸的中心向纸的边缘移动手术刀，在有裂伤或重折伤的情况下，要从基础的坚固部分向有折伤或裂伤的一边移动手术刀。最好让手术刀的移动方向与纸的纵向相一致。

第三，清除下来的污斑微粒，需要随时从档案上加以清除。可用轻毛刷刷掉或用镊子夹棉球清除，也可将档案立起敲打纸背。

第四，清理带字的部分最好用放大镜。如果字迹是铅笔或易擦掉的字迹，则应特别注意，防止将字迹除掉。

（二）水洗除污

水斑、泥斑和一些能溶于水的污斑，均可用水洗的方法除掉。

（1）采用水洗除污前应试验字迹是否遇水扩散。方法是在一块滤纸上打一个小孔，把滤纸放在档案边缘不重要的字上，孔洞要对着字。取另一块滤纸滴2～3

滴水，压在第一块滤纸孔洞处露出的字上，经过一段时间，如果湿滤纸揭开后带有颜色印迹，说明字迹遇水流散。

（2）水洗除污不能只将污斑的部分水洗，否则纸张会发生不均匀的膨胀，造成褶皱或卷起。

（3）水洗时，用一个比档案稍大的瓷盘，内盛蒸馏水（应是中性）。除污的档案要一页一页地洗，将档案从瓷盘边滑入水中，使其完全浸湿并沉入水中，轻轻晃动盘子，即可达到水洗的目的。如果污斑较重，可将水适当加热，以促进污斑溶解。污斑除掉后，可放在清水中再洗一次，然后放在白色吸水纸中压干。

（4）档案纸张强度较差，水洗时应特别注意。为防止取放时使档案遭到损坏，可将档案放在一块稍大的玻璃板上，一同放入水中，取出时可用玻璃板将档案托出。

（5）水洗不仅能清除污斑，还可将档案纸张中含有的酸部分溶解于水中，起到一定的去酸作用。

（三）有机溶剂除污

在水中不能溶解的污斑，要使用一定的溶剂才能除掉。酒精或丙酮等水溶剂对去除虫胶、漆、油漆效果较好；憎水溶剂如苯、甲苯、四氯化碳、汽油等，去除油、蜡斑效果较好。

1）使用溶剂除斑前应试验对字迹有无影响。方法是把档案放在一块滤纸上，字迹和滤纸相对，选择边缘处一个不重要的字迹，在背面加一块浸过少量溶剂的滤纸，压放一定时间，揭开后如果下面滤纸上出现颜色印迹，说明溶剂对字迹有影响。

2）溶剂除污只处理污斑处即可，因溶剂易于挥发，不会使纸张过分膨胀而发生褶皱。

3）处理时，把有污斑的档案放在滤纸上，字向下，从背面用浸有溶剂的棉球擦拭有污斑的地方，污斑被溶剂溶解后，即被滤纸吸收，随即把档案移到干净滤纸的地方，以防止污斑流散。

（四）氧化除污

1. 漂白粉去污法

将需要去污的档案浸入清水中片刻，使纤维膨松，污斑浸透，再放入0.5%～1%漂白粉溶液的盆内约15分钟，取出用清水洗一下，再放进1%～2%的次亚硫酸钠（$Na_2S_2O_4$）溶液内约15分钟，最后用清水洗净，夹在吸水纸中干燥即可。

2. 次氯酸钠去污法

1）将需要去污的档案放进5%的次氯酸钠和浓盐酸混合溶液内约5分钟（浓盐酸按体积占0.5%～3%），氧化漂白。

2）取出后放入含有0.5毫升的浓盐酸溶于2700毫升水的盐酸溶液内，约5分钟，赶氯。

3）取出后再放进氨水溶液中（2毫升浓氨水溶于900毫升水）约10分钟，以中和残存的酸。

最后用流水洗涤，夹在吸水纸中干燥。

3. 高锰酸钾去污法

1）将去污档案放进0.5%高锰酸钾溶液内约半小时，档案呈棕褐色。

2）取出后水洗，再放入约0.5%亚硫酸氢钠（$NaHSO_2$）溶液中浸泡，档案还原为无色时取出。

3）最后用清水充分洗净，夹在吸水纸中干燥。

需要注意的问题如下。

第一，以上三种除污法均系使用强氧化剂，可去除蓝黑墨水或霉斑，但应注意对其他字迹有无影响。一般而言，档案字迹的色素成分是炭素的可以应用。

第二，强氧化剂对纤维素有破坏作用，污斑严重影响阅读时才可使用此法。

第三，木质素含量高的档案纸张材料，其除污时不适用高锰酸钾法，因为纸色变黑后难以恢复。

4. 过氧化氢－乙醚乳浊液去污法

取等体积的过氧化氢（H_2O_2）和乙醚（$C_2H_5-O-C_2H_5$）在分液漏斗中混合。混合时先在分液漏斗中放入乙醚，把预先放在另一分液漏斗中的过氧化氢慢慢流入乙醚中，边混合边摇动。混合完毕后，再用力摇动锥形瓶（塞好瓶塞）5～10

分钟。静置片刻，锥形瓶内混合液体分为两层，下层为未溶于乙醚的过氧化氢，上层为含有过氧化氢的乙醚乳浊液。取出后使用有机溶剂去污的方法即可。

5. 二氧化氯去污法

在 2% 的亚氯酸钠溶液中加入 40% 甲醛溶液，体积比约为 40∶1，混合均匀，将去污档案放入，一般为 15 ~ 60 分钟。取出后放在吸水纸中压平。

二、加固

档案的加固有两个内容：一是对遇水、遇热扩散，不耐磨的字迹的加固；二是对机械强度下降的纸张材料的加固。其方法就是在档案上加上一层高分子材料的薄膜，因而加固纸张强度也会起到巩固字迹的作用。巩固字迹的同时会起到加固纸张强度的作用，但重点不同，所用的方法与材料不同。

（一）胶黏剂喷涂法

胶黏剂喷涂法就是把具有胶黏性的化学药液喷涂在档案上，当溶剂挥发后，形成一层薄膜，使字迹得到巩固，纸张强度增加。加固用的胶黏剂应具有以下性能：

第一，要有一定的胶黏性，并能形成柔软而不透水的薄膜；

第二，胶黏剂的成分对档案纸张及字迹无害；

第三，胶黏剂应无色，透明度高，且不变色，不易老化；

第四，具有可逆性。

常用的胶黏剂溶液有以下几种。

1. 明胶溶液

（1）配制

配方：明胶（纯净透明的）100 克，甘油 60 毫克，乙萘酚（10% 酒精溶液）25 毫升，中和皂 4 克，水 2800 毫升。

先称好无色透明的明胶 100 克，放在 1500 毫升水中浸泡 8 ~ 20 小时，然后加热至 40℃ ~ 50℃，加热时要用玻璃棒不断搅拌至明胶完全溶解。另外，取 1300 毫升水倒入另一容器中，并逐次加入中和皂、乙醇和甘油，配制成乙醇甘油溶液，然后将此液倒入上述明胶溶液内，温度保持在 40℃ ~ 50℃，趁热用纱布过滤，最后加入乙萘酚（主要起防腐作用），即成明胶甘油溶液。

明胶起加固作用。明胶溶液涂在纸上后，可以渗透到纤维中去，使纤维借助明胶的胶黏性质而增进结合，提高强度。此外，明胶溶液变干后，可在纸上形成薄膜，纸张依靠明胶薄膜可增加强度。甘油使薄膜柔软，乙萘酚是防腐剂，乙醇起渗透作用，中和皂起渗透与中和作用。

（2）注意的问题

1）溶解明胶时要注意温度（40℃～50℃），高则分解，低则溶解不充分。

2）涂刷要均匀，半干时要压平（不能晾干），过早压干易粘在一起。

3）因溶液中有水和乙醇，应注意字迹是否流散。

4）易发霉。

2. 聚丙烯酸甲酯溶液

聚丙烯酸甲酯是一种合成树脂，其溶液是一种胶黏剂，涂在档案上能形成具有弹性的薄膜，从而提高纸张的强度，特别是增加纸张的耐折性和弹性。

市售的聚丙烯酸甲酯溶液的浓度为18%～24%，加固档案纸张强度，可加水配至6%的浓度，再加入溶液量的1/4的甘油，增加其塑性。

3. 乙基纤维素

（1）配制

配方：乙基纤维素5克，苯170毫升，纯净汽油15毫升，邻苯二甲酸二丁酯0.25克。

配制方法：将白色粉状的乙基纤维素放入带有玻璃塞的干燥锥形瓶内，加苯使之溶解，然后再加入汽油和邻苯二甲酸二丁酯。每次放药后都要搅拌，使之完全溶解。

乙基纤维素，又称纤维素乙醚，白色粒状热塑性颗粒，性质随乙氧基含量而定，标准商品的乙氧基含量是47%～48%。软化点在100℃～130℃，能生成坚韧薄膜，低温时仍保持其抗曲性，溶于许多溶剂。对碱和烯酸稳定，乙氧基含量增高，软化点和吸湿性降低，在有机溶剂的溶解度增大。

乙基纤维素起加固作用，能形成柔软薄膜，耐热，耐光，耐水，耐酸、碱，而且渗透性好。苯是溶剂。汽油增加透明度。邻苯二甲酸二丁酯为增塑剂。

（2）注意的问题

1）溶液中含有有机溶剂，含有油蜡成分的字迹不能使用，一般用来巩固黑铅笔或墨水字迹。

2）溶解时不加温，但容器必须无水。

4.有机玻璃（聚甲基丙烯酸甲酯）

有机玻璃是由甲基丙烯酸甲酯经聚合而成的高分子化合物。有热塑性，是透明如玻璃的无色固体，耐光，耐酸、碱。

有机玻璃溶液形成的薄膜在耐光、耐水方面都很好，只是不如乙基纤维素柔软。

使用溶剂为苯或三氯甲烷，因其难以溶解，故需要在水浴锅中加热，并使用冷凝器。常用浓度为1%，增塑剂用邻苯二甲酸二辛酯。

5.氟塑料（C-42含氟高聚物）溶液

氟塑料是一种新型的塑料，因其能耐强酸、耐强碱、耐高温、化学性质稳定、老化慢，故号称"塑料之王"。

C-42含氟高聚物是氟代乙烯与四氟乙烯的共聚物，呈白色粉末状，无臭，不溶于水，易溶于丙酮、甲基丙烯酸甲酯、乙酮。用丙酮、丁酮溶解时不加热，用甲基丙烯酸甲酯溶解时需要加热，用水浴锅加冷凝器。常用浓度为5%。

（二）加膜法

就是给纸张强度大大降低了的档案，正、反两面各加上一层透明薄膜，档案被夹在中间，既不影响阅读，又可以提高强度。

1.热压加膜法

加膜机借助热（一般为80℃～150℃）和压力（50～300N/cm²），使热塑性树脂薄膜与档案纸张黏合在一起（30秒至3分钟），成为一个牢固的整体。

有的用醋酸纤维素薄膜，也有的认为聚乙烯薄膜透明度和弹性更好。应用此方法，档案需要经高温处理，对纸张耐久性不利。

2.溶剂加膜法

不用加膜机，使用溶剂将塑料薄膜微溶与档案黏合在一起。

具体做法：将档案、醋酸纤维素薄膜、砂纸按次序放在玻璃板或平滑的桌面上，用棉球蘸丙酮，从砂纸的中心开始向边缘涂抹，再迅速（15～20秒）用拧干的丙酮棉球在表面擦一遍，并给予一定的压力，使三者结合在一起，最后压干。

这个方法可避免档案因高温高压受到损害。但是，丙酮有毒易燃，操作时不能有明火，并且要有良好的通风设备。手工操作速度慢、质量差。

3. 丝网加膜法

此法是用蚕丝网（单丝织成的）对档案进行加膜。将档案放在两面喷有乙烯类树脂的丝网中间，上下各放一张氟塑料薄膜，经热压机处理，使丝网上的树脂熔化将丝网与档案粘在一起。

此法既增强了纸张强度，又不影响阅读，轻而薄，丝网耐老化，但为了不影响阅读，丝网用单根蚕丝制成，空隙较大，强度较小。

三、档案字迹的恢复与再显

（一）物理法

1. 用滤色镜摄影恢复被污斑遮盖的字迹

滤色镜是由有色光学玻璃制成的，它对色光有透过、限制、吸收的选择作用。不同颜色的滤色镜对色光的透过、限制、吸收的情况也不相同。什么颜色的滤色镜，就只能让相同颜色的光透过，对其附近的光起限制作用，即只能透过一部分，对其他颜色的光则吸收不能透过。

根据滤色镜对色光的这种选择作用，恢复被污斑遮盖的字迹时，只要使用与污斑相同颜色的滤色镜进行摄影，被污斑遮盖的字迹就可以在感光材料上显现出来。

例如，一份白底黑字的档案上面有了红色的污斑，用红色滤色镜摄影，黑字部分因不反射光，在底片上不感光；白底部分反射出的白光是由七色光组成的，其中红色光透过滤色镜在底片上感光；污斑部分反射出的红光透过滤色镜在底片上感光。经过冲洗，污斑下面的字迹在底片上就能清楚地显现出来。

当然，白底部分和污斑部分虽然都在底片上感光，但程度稍有差异。白底部分反射出的光中，除红色光外，还有黄色光；黄色光通过红色滤色镜时只起限制作用，尚有一定量通过。因此，白底部分在底片上感光的程度要稍大于污斑部分。尽管如此，在底片上污斑部分基本被去掉，字迹还是能较清楚地显现出来。

这种方法只适于字迹和污斑颜色不同的档案。

2. 用补色滤色镜恢复褪色字迹

我们所见到的白色光是由红、橙、黄、绿、青、蓝、紫七色光所组成。也就是说，七色光加在一起形成白色光。但是，不仅七色光混合后能形成白色光，在七色光中有三种基本颜色的光，混合后也能形成白色光。这就是红、绿、蓝三种颜色光，这三种色光称为"三原色"。

$$红 + 绿 + 蓝 = 白$$

如果从白色光中减去三原色光中的一种，就可以形成另外颜色的光。

$$白 - 红 = 绿 + 蓝 = 青$$
$$白 - 绿 = 红 + 蓝 = 紫$$
$$白 - 蓝 = 红 + 绿 = 黄$$

白色光分别减去三原色光红、绿、蓝所得的青、紫、黄三色光，称为"三补色"。即青色光是红色光的补色；紫色光是绿色光的补色；黄色光是蓝色光的补色。

所谓某颜色光是另一颜色光的补色，即这种颜色光中绝无另一颜色光。根据这个道理：

$$白 - 青 = 白 - （绿 + 蓝）= 红$$
$$白 - 紫 = 白 - （红 + 蓝）= 绿$$
$$白 - 黄 = 白 - （红 + 绿）= 蓝$$

因此，红、绿、蓝三色光中也绝无青、紫、黄三色光，所以红色光又是青色光的补色，绿色光又是紫色光的补色，蓝色光又是黄色光的补色。

用摄影法恢复褪色字迹，就是想办法使无字的地方（白底）在底片上感光，有字的地方在底片上不感光，在底片上形成较大的反差，使原来因褪色而较淡的字迹能清楚地显现出来。为了达到这个目的，就需要用褪色字迹颜色的补色滤色镜摄影。白底部分反射出的光中有与补色滤色镜颜色相同的色光，可以通过滤色镜在底片上感光，而字迹部分反射出的色光是补色滤色镜的色光中绝对没有的色光，不能透过滤色镜，在底片上不感光。这样就能取得反差较大、字迹清楚的底片。

例如，一份蓝色字迹的档案，褪色后字迹已经变得很淡，如用一般摄影的方法，由于白底和字迹处反射出的光线强弱差不多，在底片上感光的程度也相近，反差很小，底片上的字迹仍然不会很清楚。用褪色字迹颜色的补色滤色镜（黄色）

摄影，白底部分反射出的光中有黄色光，可以透过滤色镜在底片上感光，字迹部分反射出的蓝色光，则不能透过黄色滤色镜，在底片上不能感光。因此，在底片上就能得到反差较大、字迹清楚的影像，从而达到再显字迹的目的。

（二）化学法

目前，化学法只能恢复褪色的蓝黑墨水字迹。蓝黑墨水的主要色素成分是鞣酸亚铁和没食子酸铁，当其字迹褪色后，在字迹处仍残留有一定的铁质，因而可以用一定化学药品与其发生作用，使其再产生颜色。

档案保护学与科技档案管理工作

1. 硫化铵 [（NH_4）$_2$S] 显色法

硫化铵易分解成氨和硫化氢气体，硫化氢与褪色字迹处残留的铁发生作用，会生成黑色的硫化铁。

$$（NH_4）_2S \rightarrow 2NH_3 + H_2S$$

$$H_2S + Fe \rightarrow FeS + H_2$$

做法是将硫化铵溶液放在一瓷盘里，把要恢复字迹的档案用水润湿，字向上放在一块玻璃板上，然后连同玻璃板反盖在（字向下）瓷盘上，瓷盘中硫化铵分解出的硫化氢与档案字迹处的铁发生作用，经过一段时间，褪色字迹处的颜色就会慢慢变黑。

这种方法的缺点是恢复出的黑色字迹，时间不长又会慢慢褪掉。因为硫化铁易氧化而褪色，而潮湿又加速了氧化。如果立即把档案烘干，保留的时间会长一些，最好还是当字迹恢复出来后，立即摄影，以便长期保存。

2. 黄血盐显色法

黄血盐即亚铁氰化钾 [$K_4Fe（CN）_6$]，可以与褪色字迹处的铁质发生反应，生成亚铁氰化铁 $Fe_4[Fe（CN）_6]_3$，即蓝颜料中的铁蓝（也叫华蓝）。

做法是把需要恢复字迹的档案夹在两张浸过黄血盐溶液的滤纸中间，压实一段时间即可。此法恢复的字迹保存时间长，但颜色不同于原来字迹的颜色。

3. 鞣酸显色法

鞣酸可以和褪色字迹处的铁质发生反应，产生黑色的鞣酸铁。做法是将鞣酸溶于酒精中，制成 5% 的鞣酸酒精溶液，将滤纸放入溶液中浸润，把恢复字迹的档案夹在滤纸中，压实一段时间即可。

第六章　档案管理信息化建设理论与实践

第一节　档案信息化管理与建设的基础设施

一、网络基础设施

（一）服务器

服务器，承担档案信息化数据存储、管理和应用系统运行的任务，具有高速度、高可靠性、高性能、大容量存储等特点，为各用户端的访问提供各种共享服务。

服务器是网络环境中的高性能计算机。所谓高性能，是指服务器的构成虽然与一般 PC 相似，但是它在稳定性、安全性、运行速度等方面都高于 PC，因为服务器的 CPU、芯片组、内存、磁盘系统等硬件配置都优于 PC。服务器接收网络上的其他计算机终端提交的服务请求，并提供相应的服务。为此，服务器必须具有承担和保障服务的能力。档案计算机网络系统建设可根据需要提供的功能、性能、数据量等配置一台或多台服务器。

（二）应用软件

系统软件的特点是通用，它并不针对某一特定应用领域。而应用软件的特点是专用，即针对特定的管理业务，并应用于某些专用领域的信息管理。如用于政府信息化的电子政务系统、用于企业信息化的电子商务系统、用于辅助行政办公和决策的办公自动化系统、用于机关档案室信息化的数字档案室系统、用于档案馆信息化的数字档案馆系统等。这里所指的应用软件具有以下特点：一是在特定的操作系统环境下，运用特定的软件工具研制而成；二是针对特定的信息处理需求和管理业务需求进行设计开发，且应用于特定的专业领域、行业、单位或辅助特定的管理业务。

数据库管理系统（DBMS），是操纵和管理数据库的一组软件，用于建立、使用和维护数据库。DBMS具有以下功能。一是描述数据库，运用数据描述语言，定义数据库结构。二是管理数据库，控制用户的并发性访问，数据存储与更新，对数据进行检索、排序、统计等操作。三是维护数据库，确保数据库中数据的完整、安全和保密，数据备份和恢复，数据库性能监视等。四是数据通信，利用各种方法控制数据共享的权限，在确保数据安全的前提下广泛共享数据。

各种工具软件：软件工具是指为支持计算机软件的开发、维护、模拟、移植或管理而研制的软件系统。它是为专门目的而开发的，在软件工程范围内也就是为实现软件生存期中的各种处理活动（包括管理、开发和维护）的自动化和半自动化而开发的软件。开发软件工具的最终目的是提高软件生产率和改善软件运行的质量。

（三）终端设备

终端设备是经由通信设施向计算机输入程序、数据或接收计算机输出处理结果的设备。这里所说的终端设备主要是指用于各类用户访问服务器或进行档案信息处理工作的主机、外存储器、输入和输出设备等。其中，输入终端设备有鼠标、键盘、手写板、麦克风、摄像头、扫描仪等；输出终端设备有显示器、音响、打印机、传真机等。其他类别的终端设备有无线、路由器、网卡、U盘、移动硬盘等。目前，档案网络终端设备的主机大多为PC机，又称"终端机"。影响终端机处理能力与速度的是主板、CPU、内存、显卡等组成计算机的核心部件，它的选择要根据各业务人员的工作要求进行。

终端机从网络应用的角度又称为"客户端"，常见的客户端分为两类：一类是胖客户端，是指主机配置较高档、数据处理能力较强的客户端，如一般工作中的PC机，它负责网络系统中大部分的业务逻辑处理，以减轻服务器的压力，降低对服务器性能的要求，因此对客户机的性能要求比较高；另一类是瘦客户端，是指数据处理能力比较弱的客户端，它基本上不处理业务逻辑，只专注于通过浏览器显示网络应用软件的用户界面，数据储存和逻辑处理基本上由服务器集中完成。网络终端机经历了从胖客户端到瘦客户端的发展历程。

目前，档案信息管理系统的网络终端大多为胖客户端，然而瘦客户端在档案信息化建设中的应用前景也不容忽视。瘦客户端配置的优越性：有利于档案数据的集中存储、高效管理和广泛共享利用；有利于对档案信息共享权限的集中控制和安全管理；有利于网络系统的维护、扩展和升级，通过客户端的即插即用可提高网络维护的便捷性和可靠性；有利于节约档案网络系统建设和维护的成本；有利于云计算技术在档案网络系统中的应用。此外，由于瘦客户端一般不配置软驱、光驱、硬盘等部件，从而杜绝病毒产生的来源，不易损坏，能显著提高系统的稳定性。

CPU 的技术指标主要由主频、总线速度、工作电压等决定，它也决定了计算机系统的技术效能和档次。一般来说，主频和总线速度越高，计算机系统运行的速度越快；工作电压越低，计算机电池续航时间提升，运行温度降低，也使 CPU 工作状态更稳定。当前各种移动终端的发展和普及就是得益于 CPU 技术的迅猛发展。

（四）网络设备

网络设备是指用于网络连接、信号传输和转换等的各类传输介质、集线器、交换机、路由器、光电转换等设备。为了正确配置网络设备，首先需要确定档案信息网络连接的范围。该范围需要根据档案工作的内容、档案数据共享范围和密集程度来确定，一般分为内网、专网、外网和物理隔离网四个区域。内网是档案馆的内部局域网，一般部署在一幢建筑物内部或相邻近的大楼之间，覆盖大楼的不同楼层和房间。专网，即档案工作专用网，一般部署在档案形成单位与档案室、档案馆之间，或档案馆与档案馆之间。外网，即与互联网相连接的提供对外服务的网络，主要是方便档案利用者查询公开上网的档案信息。物理隔离网是一台或多台与任何其他网络在设备和网络线路上完全隔离的终端机或服务器系统，用以存放和管理保密档案。网络体系的结构主要有三种，不同结构有不同的特点和适用范围，也有不同的网络连接设备。

总线结构。它是通过一根电缆，将各节点的计算机系统连接起来的。该结构连接简单，易于安装，传输速率较高，便于维护。缺点是任何节点的故障，都会影响整个网络的运行。这种结构适用于 10～20 个工作站的小型档案馆。

星形结构。该结构将网络中的所有节点都连接到一个集线器上，由该集线器向目标节点发送数据。因此，该结构不会因一台工作站发生故障而影响整个网络。缺点是一旦集线器发生故障将影响整个网络。这种结构适用于网络节点位置分散的大型档案馆。

环形结构。该结构连接各节点的电缆组成一个封闭的环形，结构简单，相对容易控制，但由于在环中传输的信息必须经过每一个节点，任何节点的故障，都会使这个网络受阻，因此在档案馆网络建设中很少使用。

目前，档案馆局域网中使用最多的还是以太网，其拓扑结构是总线型或星形，传输介质可以是同轴电缆或双绞线，具有建设投资小、网络性能好、安装简单、互操作性强、数据传输速度快等优点，其缺点是当网络信息流量较大时性能会下降。因此，以太网被广泛应用于中小型档案馆。网络连接设备分为内网连接和外网连接两类。内网即局域网，其连接设备包括网卡、集线器、中继器、交换机等。外网即互联网以及与其相连的广域网、城域网等，外网间连接设备包括网桥、路由器、网关等。网络设备还有用于保护档案数据、信息系统和网络平台安全的硬件设施及其他配套设备，如用于终端机和服务器等数字设备的断电保护，使数字设备在断电之后仍能正常运行，提升系统运行的稳定性、可靠性。

二、纸质档案的数字化设备

（一）扫描仪

扫描仪是利用光电技术和数字处理技术，以扫描方式将图形或图像信息转换为数字信号的设备。扫描仪是目前纸质档案数字化的主要设备。

正确选择扫描仪对于提高纸质档案数字化的效率和质量十分重要。

扫描加工是将馆藏中纸质、照片、缩微品等档案转变为数字化信息的主要方法，数字扫描仪是进行数字化处理的主要工具。在选择和使用扫描仪时，需要了解扫描仪的工作原理、分类方法、技术指标等，以实现对扫描设备的正确选择和科学使用。

扫描仪基本工作原理。扫描仪通过对原稿进行光学扫描，将光学图像传送到光电转换器中变为模拟电信号，又将模拟电信号变换成为数字电信号，并通过计算机接口传送至计算机中。扫描仪的工作方式主要有反射式和透射式两种。

大多数平板扫描仪采用反射式扫描原理。在扫描仪内部，有一个步进电动机驱动的可移动拖架，拖架上有光源、反射镜片、透镜和 CCD 光电耦合元件等。

扫描时，原稿固定不动，拖架移动，其上的光源随拖架移动，光线照射到正面向下的原稿上，其过程类似复印机。图片反射回来的光线通过反射镜片反射到透镜上，经过透镜的聚焦，投影到CCD光电耦合元件上，再经过光电转换形成电信号，然后进行译码，将数字信号输出。

采用透射式扫描原理的扫描仪一般有两类，一类是专用胶片扫描仪，另一类是混合式扫描仪。专用胶片扫描仪的结构紧凑，反射镜片、透镜、CCD和光源安装在固定架上，不能移动，可移动的是胶片原稿。扫描时，固定在移动架上的胶片原稿由步进电动机带动，进行缓慢移动，光源发出的光线透过胶片照射到反射镜片上，经过反射、聚焦，由CCD元件转换成电信号，最后经译码传送到主机中。混合式扫描仪是在普通平板扫描仪上增加一个带有独立光源和相应机构的配件，该扫描仪就具备了透射式扫描的特点，可扫描胶片的芯片和负片。在扫描时，胶片原稿固定不动，移动拖架在步进电动机的带动下移动，顶部的独立光源也同步移动，该光源的光线穿透胶片照射到移动拖架上的反射镜片、透镜和CCD元件上，变成电信号，最后经过译码，把数字化图像送到主机中。

（二）模数转换技术

声像档案的数字化过程与纸质档案完全不同，这是因为传统的声像都采用模拟的磁带、录音带、录像带来保存，必须通过模拟到数字转换才能实现数字化。

模数转换是将模拟输入信号转换成二进制数字信息的一种技术，主要包括采样、保持、量化和编程四个过程，实现这些过程的技术很多，并采用这些技术研制出各种转换设备和系统，在开展声像档案数字化过程中必须了解和熟练掌握这些设备的功能、性能和操作规程。模拟声像档案数字化的核心过程就是要完成声像档案的数据采集与数字化转存，实现声像档案从模拟数据向数字信息的转化。这个过程主要依靠模拟声像资料播放机数模转换线、视频采集卡、影像工作站等设备搭建的声像数模转换系统完成。声像数据的数字化转换过程是实时的，即一个小时的模拟声像资料转化为数字格式同样需要一个小时。

（三）OCR文字识别技术

档案内容数字化工作包括数字化预加工和深加工两步。预加工是通过扫描处理将纸质档案、照片档案、缩微胶片等转变为电子图像文件，不能将纸质档案上的文字信息进行完全处理；深加工则是需要获取档案内容中的文字信息，以提供档案的全文检索服务。

光学字符识别 OCR 就是用于从数字化档案的图像文件中获取档案标引信息和全文信息的一种技术。档案数字化加工的主要步骤包括图文输入、预处理、单字识别及后处理。

图文输入是指实现档案原件的数字化，通过扫描设备或数码拍照等方式形成档案的数字化图像文件。

预处理是在对数字化档案的图像文件进行文字识别之前做的一些准备工作，主要包括版面分析、图像净化、二值化处理、文字切分等。这一阶段的工作非常重要，其处理效果将直接影响识别的准确率。

单字识别是文字识别的核心技术，主要包括文字特征抽取和分类判别算法。人之所以能够通过大脑简单地认识文字，是因为在人的大脑中已经保存了文字的基本特征，如文字的结构、笔画等。要想让计算机识别文字，首先也要存储类似的基本信息。那么，存储什么形式的信息以及如何提取这些信息，则是一件比较复杂的事情，而且需要达到很高的识别率。通常采用的方法是根据文字的笔画、特征点、投影信息、点的区域分布等进行分析，常用的分析方法是结构分析法和统计分析法。

后处理是指对识别出的文字进行匹配，即将单字识别的结果进行分词，与词库中的词进行比较，以提高系统的识别率，减少误识率。对于文字的识别，从文字类型上划分，通常分为印刷体文字的识别和手写体文字的识别；从识别的方式划分，通常分为在线识别和脱机识别。由于印刷体和手写体的文字特征差异较大，所以其处理方法是不相同的。

（四）数码翻拍仪

随着数码影像技术的飞速发展，一种新型的数字化设备——数码翻拍仪正在悄然流行。数码翻拍仪，又称"数码拍摄仪""数码缩微仪"等，是一种将数码相机安置在可垂直调节高度的支架上，用以拍摄文件材料或其他实物的数字化设备。目前，市场上数码翻拍仪按照翻拍性能、翻拍对象、尺寸等分为多种。

数码翻拍仪与扫描仪相比所具有的优越性如下。

数字化速度快。平板式扫描仪每扫描一页文件都有扫描灯管的往复移动和翻盖的过程，扫描速度较慢，若采用 200dpi 来扫描 A4 幅面真彩图像，每分钟扫描加工数量一般为 1～2 页，而高速扫描仪对档案的纸张质量要求较高，容易损坏档案，因此使用有一定的局限性。用数码翻拍仪拍摄文档没有机械运动的过程，只是曝光一下，速度不到 1 秒，扫描加工数量一般可以做到每分钟 8～20 页。

对档案材料损害小。平板式扫描仪扫描装订的档案时，难以做到平整扫描，扫描的图像通常会倾斜或扭曲，导致后期处理工作量增加；高速扫描仪不拆档案根本无法加工。数码拍摄可以省略档案拆装过程。应用数码翻拍仪提供的低畸变镜头和图像变形处理软件，可以解决拍摄档案倾斜线条变形等问题，这不但大大提高了数字化处理的效率，而且避免档案在拆装过程中造成损失。

加工对象直观。用扫描仪扫描文档，若要在扫描前浏览扫描图像的效果，一般需要选择扫描仪预览功能，这样就降低了扫描加工的速度。而数码翻拍仪的全部操作过程直观可见，即真正做到"所见即所得"。

加工对象不限于纸张。扫描仪一般只能扫描纸张材料，数码翻拍仪除了扫描纸张材料以外，还能翻拍特殊载体的档案，如奖旗、奖牌，甚至奖杯等立体的物体。

便于调节扫描幅面。一般扫描仪只能扫描 A4 幅面的纸质材料，扫描大幅面图纸的扫描仪价格十分昂贵，利用率又不高，不适宜于一般机构配置。数码翻拍仪只要调节数码相机与底板的距离，就能灵活地选择拍摄不同幅面的纸质档案，这对于扫描尺寸频繁更换的档案特别具有优势。

传统的翻拍仪采用传统相机进行档案拍摄和缩微，与之相比，数码翻拍仪具有以下显著优势：

使用成本低。传统的翻拍仪拍摄需要胶片，拍摄后需要冲洗显影，阅览需要购置专门的缩微阅读仪，使用成本和人力成本都比较高。数码翻拍仪的翻拍与普通数码相机一样，使用不需要耗材，拍摄图像有问题时，可立即重拍。拍摄形成的照片，任何计算机系统都可以阅读。

图像处理便捷。传统的翻拍仪形成的缩微片图像很难进行处理。数码翻拍仪形成的影像电子文件可以被灵活加工处理，如纠偏、去污点、去黑边框等；应用翻拍仪自带的 OCR 软件进行字符识别，将扫描形成的图像文件识别成可编辑的 word、pdf 等格式文件，进行二次编辑与加工；应用图像处理软件，将扫描中出现的线条扭曲、图像变形等问题进行纠正，有些数码翻拍仪还自带防畸变镜头，自动纠正大幅面图纸拍摄中四周弯曲的线条。

便于计算机技术应用。传统翻拍的缩微胶片不便于查找、传递、编辑、整理。数码翻拍仪形成的电子文件，具有采集高效、处理灵活、传播迅速、检索快捷、多媒体集成、生动直观等缩微技术难以比拟的优势。

充分整合了数码相机技术。传统的翻拍仪一般只能翻拍成黑白胶片，数码翻拍仪不仅能翻拍成黑白图像，还能翻拍成彩色图像。数码翻拍仪借助高分辨数码影像技术，拍摄图像清晰逼真、色彩丰富；支持色差、亮度、对比度、饱和度、伽马值等后期图像增强功能；能通过 USB 接口直接连接电脑，将拍摄的档案文件直接在电脑中显示或通过邮件发送出去，实现档案的无障碍传播；USB 能直接给翻拍仪供电，不需要另插电源；将所有拍摄操作按钮都整合在底板上，操作十分简便；突破传统使用扫描枪扫描条形码识别的方式，用户只需轻点鼠标，即可完成条码识别，不但提高了工作效率，也省下购买扫描枪的费用；可拍摄录像，将动态的图像，如手工翻阅档案的过程记录下来，用作视频编辑的素材。

灵活使用各种数码拍摄设备。有些数码翻拍仪的活动支架可以固定数码相机、手机等各种拍摄设备，用户可以借助拍摄设备翻拍档案材料。

数码翻拍仪的应用范围。数码翻拍仪是传统的复印、扫描、投影、拍照、录影等技术的融合，因此兼有这些技术的优点，它无论是对传统的翻拍缩微还是扫描技术来说都是一场变革，受到社会各领域的普遍关注和应用。目前，该技术已经广泛用于政务领域红头文件、往来信函等文件翻拍；银行传票、合同、抵押担保、会计凭证和信用卡等文件翻拍；证券期货行业股东账户开户、买卖合同、股东身份等文件翻拍；保险行业合同、发票、身份证等文件翻拍；工商税务行业税务年检等业务文件翻拍；学校学生学籍、成绩单等档案翻拍；国土行业房地契、图纸、合同等档案翻拍；司法行业往来信函、红头文件、法律文件、卷宗等档案翻拍；医疗行业病历、处方等档案翻拍；公安部门案件档案翻拍等。

数码翻拍仪在纸质档案数字化中的应用前景。尽管数码翻拍仪已经在各政府机关、企事业单位得到广泛的应用，然而在档案信息化中使用较少。其原因之一是档案界人士对这种设备的发展现状和趋势不够了解，以为它就是传统的缩微翻拍仪。由上述分析可知，它特别适用于以下情况。一是中小型企事业单位办公室或业务部门对尺寸频繁变化的文件材料进行数字化。二是各级各类档案馆或机关档案室对纸质材料老化，不便于拆卷的档案进行数字化。三是建筑设计、制造业等企业未购置大型扫描仪，又需要对大幅面图纸档案进行数字化。四是对奖旗、奖牌等实物档案进行数字化。五是对尚无条件对纸质档案数字化，但在利用时临时需要对查阅的档案进行数字化，以便通过网络提供远程查档服务。鉴于数码翻拍仪具有使用成本低、拍摄精度高、速度快、操作简便，又便于做 OCR 字符识别和其他图像处理等特点，相信会吸引越来越多的档案用户。随着数码翻拍仪应用范围的扩大，数码翻拍仪的功能和性能将会不断改进和完善。因此，它有可能在不远的将来，部分取代扫描仪，成为纸质档案数字化的得力工具。

三、录音档案的数字化设备

（一）录音档案数字化的硬件

传统放音设备。根据拟数字化录音档案的规格、型号配置相应的放音设备，如开盘式放音机、钢丝带放音机、盒带录音机、电唱机等。放音设备必须能将声音源以电平信号的方式，通过音频输出插孔输出，若原设备没有音频输出插孔，应进行改装。

模数转换设备。模数转换设备是录音档案数字化的核心部件，品质好的模数转换设备有低失真、低时延、高信噪比的特点。模数转换设备主要是声卡。声卡是多媒体技术中最基本的组成部分，是实现模拟信号和数字信号相互转化的一种硬件，其基本功能是将来自磁带、光盘、话筒等的原始声音信号加以转换。它的工作原理是将获取的模拟信号通过模数转换器，将声波振幅信号采样转换成一串数字信号，存储到计算机中。重放时，这些数字信号被输送到数模转换器中，以同样的采样速度还原为模拟信号。声卡的技术指标主要有两个。一是采样频率，采样频率越高，声音越保真。目前，声卡的采样频率一般应达到 44.1kHz 或 48kHz。二是样本大小，当前声卡以 16 位为主。8 位声卡对语音的处理也能满足需要，但播放音乐效果不是很好；16 位声卡可以达到 CD 音响水平。

内部声音混合调节器。内部声音混合调节器的主要功能是把不同输入源中输入的声音信号进行混合和音量调节，通常要求该混合器是可编程或可控制的。监听拾音设备，如监听音箱、监听耳机、话筒等。

（二）录音档案数字化的软件

数字化转换软件主要为音频制作软件。此外，Gold Wave 也是一种功能强大、占用空间少、免费共享的绿色软件，并且可以在互联网上免费下载。刻录软件也较多。

四、录像档案的数字化设备

（一）录像档案数字化的硬件

放像设备。放像设备要按照录像档案载体的不同而作出不同的选择。受到数字设备的冲击，许多传统的放像设备已经退出市场。曾经流行的模拟录像带及其播放设备按照制式来分主要有 VHS、Beta 和 8 毫米等类型。VHS 是家用视频系统的缩写，这种录像机采用带宽为 1/2 英寸的磁带，习惯称"大 1/2 录像机"。

目前，档案馆保存的模拟录像带中绝大部分是 VHS 带。Beta 录像机采用不同于 VHS 的技术，图像质量优于 VHS 录像机，所用磁带的宽度也是 1/2 英寸，但磁带盒比 VHS 小，故又称"小 1/2 录像机"。8 毫米录像机综合了 VHS 和 Beta 录像机的优点，体积小，图像质量高，所用磁带宽度仅为 8 毫米。模拟录像机不仅有制式的不同，而且按照其信号记录方式及保真度的不同而分不同技术质量等级。不同制式、不同等级、不同品牌的录放设备及其不同性能的录像带，相互之间并不兼容，因此必须针对录像带的类型选择相应的放像设备。根据录像带规格、型号选用设备，如 WHS 放像机、3/4 放像机等。普通模拟录像机可输出清晰度在 200 多水平线的模拟录像，高清晰度模拟录像机可输出清晰度在 400 水平线的模拟录像；数码摄像机可输出清晰度在 500 水平线的数字录像。档案部门保存的录像带形式各异，主要有小 1/2 带、大 1/2 带、3/4 带等。与这些录像带匹配的可运行的放像机越来越少，档案部门应当尽快将这些珍贵的录像带做数字化处理。否则，将来这些古董放像机一旦淘汰，带中的影像就很难再现了。

视频采集设备。视频采集设备由高配置的多媒体计算机的内置或外置的视频采集压缩卡组成。录像档案数字化的一个重要工作是音像采集。所谓音像采集是指通过硬件设备把原录像带保存的模拟信号转换成数字信号采录至计算机中，以数字图像格式保存的过程。图像采集的过程是保证数字图像质量的关键环节，因此，正确选择采集所使用的硬件设备即采集卡至关重要。目前，市面上的采集卡种类较多，档次功能高低不一，按照其用途从高到低可分为广播级、专业级、民用级，档次不同采集图像的质量不同。档案部门应采用专业级以上的视频采集卡。由于视频的数据量非常之大，因此对计算机的速度要求很高。在未压缩的情况下，采集一分钟的视频数据可能超过几百兆，如果 CPU 和硬盘跟不上要求，将无法进行采集或者采集效果较差，如画面失真、停顿、掉帧等。

（二）录像档案数字化的软件

录像档案的采集、转换和编辑除了视频卡外，还需要借助视频采集软件和视频编辑系统来实现。通过视频采集软件，在实现录像档案的数字化采集之前，可以设定所需生成的视频文件格式，设置视频文件的各项参数，如调节录像信息的亮度、视频取样标准，以确保采集信号的质量。

采集软件。视频卡配套提供的视频采集软件功能相对简单，通常无法对视频信息进行复杂的编辑和转换。因此，对采集后的视频信息，在必要的情况下，可以使用专门的视频编辑软件甚至功能强大的非线性视频编辑系统进行编辑处理。视频编辑与文本编辑类似，是将采集好的视频素材进行二次加工，如插入、剪切、复制、粘贴、拼接视频片段等，还包括字母、图形乃至不同视频、音频的叠加、合成等。通过上述处理，在不破坏真实性的前提下，可以使录像档案更加清晰、美观和生动，并对视频内容进行适当的引导、指示和标注。

编辑软件。视频编辑软件是对视频进行录制、切割、合并、重组、批量处理、格式转换等制作的软件。当前，针对各种需要产生的视频格式繁多，而流媒体格式因其在网络浏览和传输支持上的优势，越来越得到广泛的青睐。现今信息产业界已开发出许多功能强大、界面友好的视频处理软件。

第二节　档案管理信息化保障体系建设

本节主要以宏观管理保障体系建设为例来介绍。档案信息化是档案事业发展的战略举措。为了确保这项工作循序渐进、卓有成效，需要自上而下地进行总体规划和精心地组织实施。

一、档案信息化规划

档案信息化规划是档案行政管理部门针对档案信息化事业发展制定的全局性、长远性谋划，是对发展目标、任务、措施的宏观思维、精准描述和权威部署，是反映发展规律，驾驭发展大局，破解发展难题的顶层设计，具有定位目标、激发士气、凝聚人心、统一步伐的作用。

（一）规划制定的原则

1. 统揽全局的原则

规划首先要明确档案信息化的指导思想、基本目标、工作任务、措施步骤、保障体系、评价指标等。为此，档案信息化规划要有前瞻性、系统性、严肃性、权威性和操作性，在目标的确定上既要起点高，又不能不切实际地盲目拔高；在任务的确定上既要全面覆盖，又要重点突出；在措施的确定上既要宏观布局，又要微观落地；在保障体系的确定上既要营造动力机制，又要设定约束机制；在评价指标的确定上既要定性，又要尽可能定量。特别要做到与本单位档案事业发展规划和本地区信息化发展规划相衔接，争取取得组织、资金和人力上的支持。为了落实好规划，要建立集规划制定、协调、监督、意见反馈、补充完善于一体的规划执行机制。通过落实责任、考核和目标管理，努力实现预定的信息化蓝图。

2. 分步实施的原则

档案信息化涉及面广，工作量大，制约因素多，因此不可能毕其功于一役。在制定规划时，要充分考虑国家、地区信息化战略的实施进度，档案信息化的近期需求，档案基础工作条件，管理制度和业务规范的配套情况以及经费、人力的投入能力等。要在全局性、长远性目标的指导下，根据需要和可能，将总目标分解为若干阶段性目标，以便分步实施。阶段性目标要处理好前后衔接关系，每一阶段的目标任务既要继承前阶段的成果，又要为后阶段创造条件。特别要将档案信息资源建设列入阶段性目标的主要任务，并提出量化的指标要求，如电子文件归档和传统存量档案数字化应当达到多少百分比等。

3. 需求驱动的原则

长期以来，信息技术领域有一句行话"以需求为导向"，它是信息技术应用的一条重要规律。现代信息技术几乎无所不能，然而，只有与特定的需求相结合，才能实现信息化的价值。需求决定计算机应用的发展方向、检验标准和实际效能，是信息系统建设的出发点、归属点和动力源泉。不重视需求或找不准需求，必然使档案信息化偏离正确的轨道，甚至付出沉重的代价。

4. 突出重点的原则

所谓突出重点，就是规划要满足重点需求。需求是一个相当具有弹性的概念，在分类上有一般需求和主要需求、潜在需求和现实需求、表面需求和本质需求、当前需求和长远需求等。突出重点就是要在调查研究的基础上，分析出和把握住主要需求、现实需求、本质需求、当前需求和紧迫需求。为此，在制定规划时，要从本单位、本行业的实际出发，以问题为导向，以必要性和可行性统一为基础，找准需求，定义总目标和阶段性目标，一步一个脚印地有序推进档案信息化工作。

（二）规划制定的步骤

1. 组织机构

档案信息化规划的制定事关大局、事关长远，应当建立由单位主要领导主持，信息化管理人员、相关业务技术人员和档案管理人员参加的规划起草小组，具体负责规划制定的全过程工作。为了开阔眼界，还可以聘请外单位有关档案信息化的专家，对规划起草人员进行培训，对起草工作给予咨询、审核、把关，或直接负责规划的撰写工作。

2. 调查研究

调研主要包括四个方面。一是对国际、国内、本地区、本行业档案信息化发展战略和规划的调研，了解其对档案信息化目标、任务、措施的定位，以便为本单位规划制定提供参考。二是对同行业或相近行业档案信息化的先行单位进行调研，以便学习和借鉴他们的成熟经验。三是对社会信息化发展状况进行调研，了解其软硬件技术发展水平以及哪些技术适用于本单位。四是对本单位档案工作和档案信息化需求进行调研，发现和分析存在的问题，研究利用信息化手段破解问题的对策。

3. 撰写规划

对调研结果进行归纳总结，撰写调研报告。根据调研报告撰写规划大纲，并征求有关领导、专家或业务技术骨干的意见。根据拟定的规划大纲，撰写规划初稿。初稿完成后组织专家进行科学性和可行性论证，并广泛征求机关各业务部门和相关单位的意见，修改完善后交本单位领导审核、签发，然后正式颁发。

4. 规划颁发

规划颁发时要一并提出规划执行的指标要求、进度要求和责任要求，并按照"言必信，行必果"的要求，跟踪规划的执行情况。

（三）规划的主要内容

1. 回顾总结

回顾总结本单位档案信息化的进程、现状，取得的基本经验或主要体会以及存在的主要问题。对于尚未建立档案管理信息系统的单位可以总结本单位档案工作的现状以及为档案信息化创造基础的工作条件，如档案制度化、标准化建设，档案资源建设，档案人才队伍培养等。

2. 目标定位

目标是对档案信息化建设预期前景和效果的描述。目标可以分为总体目标和具体目标两部分。目标定位要有以下"五个度"：高度，即体现高起点、高标准、高水平；宽度，即做到档案业务工作的全覆盖；深度，即要致力于解决发展中遇到的热点、难点问题；亮度，即要有创新点和闪光点；温度，即要满怀热情地贴近时代、社会、生活、百姓。总目标的实施周期应尽量与本单位发展规划相吻合，一般为五年。

3. 任务部署

任务是对目标的细化。目标一般要求概括和宏观，任务则要尽量具体和微观。任务一般按档案信息化的要素细分，包括基础设施建设、信息资源建设、应用系统建设和保障体系建设等。任务部署要尽量做到定时、定量，如纸质档案数字化工作每年要达到多少页、占馆（室）藏总量的百分比是多少等。

4. 措施落实

措施是指实施档案信息化的必要条件，一般包括人员观念的改变、档案基础工作的跟进、技术平台的建设、信息安全的落实、资金持续投入以及人才队伍培养等。其中档案基础工作部分要特别强调"兵马未到，粮草先行"，即提前、重点做好电子文件归档、纸质档案数字化工作。

二、档案信息化组织

制订科学的规划是档案信息化的起点和前提，它使信息化建设者在目标、任务、措施等方面达成了共识，统一了步骤。接着，就需要通过强有力的组织，即通过指挥、协调、监督、指导、服务等管理方式和行政手段，确保规划的贯彻落实。执行力不足会使一个好的规划流于形式，创新规划的执行体系和执行手段，是提高规划的权威性和约束力的关键举措。

（一）思想观念更新

档案信息化是现代档案工作顺应潮流、抓住机遇、加快发展的重大战略。规划是战略实施的顶层设计，是长远性、全局性的谋划，是避免战略实施随意性和盲目性的有效举措。只有充分认识规划实施的重要意义，才能增强实施规划的责任心和自觉性。

同时，要认识到实施规划要有新思路、新对策。以崇尚科技、重视改革、锐意进取、尊重人才、创新务实、真抓实干的新思路、新对策，来破解规划实施中的难题，化解来自各方面的阻力，推进规划的顺利实施。

（二）组织体系创新

档案信息化应当是由机构的主要领导分管，并建立集规划、执行于一体的档案信息化主管部门，才能及时高效地协调处理档案信息化建设中遇到的复杂关系，避免因多头管理而造成政出多门、相互推诿的现象。

档案信息系统的建设和运行涉及与外界系统的互联。前端与办公自动化互联，确保对归档电子文件的前端控制；后端与本单位各种业务系统互联，确保为社会或本单位行政业务系统提供档案信息服务。单靠档案部门难以处理与档案外部系统的关系，必须由本单位主要领导牵头，才能做好跨部门的组织协调工作。为此，各单位分管档案工作的领导应当同时分管档案信息化工作，负责实施档案信息化规划的各项组织工作，负责将规划实施列入本单位信息化发展规划和年度计划，使这项工作在机构、岗位设置、人员、经费投入等方面得到满足，保障规划的顺利实施。

（三）管控措施到位

档案行政管理部门要对规划的实施采取有力的管控举措。

1. 保持规划的权威性和严肃性

对已经列入规划的每项任务都要言必信、行必果，对规划后未执行的任务要追究原因和责任；按照规划制订有关项目的实施方案，规定具体的实施内容、进度、要求，一抓到底，直至见效；将规划实施的组织、协调、监督、指导纳入档案工作的法规、制度、标准、规范系统，纳入行政部门工作的职责和考核办法，通过档案法治和行政的手段，防止发生档案信息化不作为或乱作为现象。

2. 夯实档案信息化的各项基础工作

档案信息化建设的重点是档案信息资源建设。为此，要围绕档案信息资源管理的目标和任务，扎扎实实地做好传统文件和电子文件的积累、归档以及归档后的档案鉴定、分类、组卷、著录、编目、数据录入、档案扫描、档案保管、档案划控等基础工作，利用数据库技术，建立起大规模、高质量的档案信息资源总库，为档案信息系统运行提供优质的信息资源。

3. 确保规划实施的各项投入

切实按照规划要求落实软硬件网络平台、应用系统、数据资源、人才队伍、保障体系等各项建设任务。对建设项目的完成情况和实用效果进行科学的后评估，并将后评估的绩效列入档案信息化建设单位业绩考核的指标。资金投入要避免重硬件投入，轻软件投入；重技术性投入，轻管理性投入；重一次性投入，轻持续性投入的倾向。使资金投入在发展阶段、发展要素、发展层次上有合理的结构比例。

（四）科研教育跟进

鉴于档案信息化具有知识密集和技术密集的特点，档案科研和教育已成为档案信息化的两个重要支柱。为了更好地发挥科研工作对档案信息化的引领作用，要加强对档案信息化项目的选题指导、立项审查、实施跟踪和结题评审等环节的全过程管理。对不可行的项目在立项阶段就予以否定。对科研项目的结题评审要严格把关。对重点科研项目要组织各方力量联合攻关，特别要加强档案局（馆）、高校档案学专业和信息技术开发公司之间的联合，从档案专业和计算机技术紧密结合上提高科研成果的质量。要加大档案信息化科研成果的推广力度，充分发挥理论成果对实践的指导和引领作用。

三、宏观标准规范保障体系

数字档案的载体、信息和生存环境的不稳定，使其真实、完整、有效和安全性面临严峻的挑战，管理问题相当复杂。为此，特别需要靠标准体系来规范管理者的行为，使档案信息的制作、加工、采集、保存、保护、鉴定、整理、传递等环节都处于受控状态。标准规范体系对档案信息化的意义十分深远。

标准是为了在一定范围内获得最佳秩序，经协商一致制定并由公认机构批准，共同使用和重复使用的一种规范性文件。标准化是指为在一定的范围内获得最佳秩序，对实际或潜在的问题制定共同的和重复使用的规则的活动，即制定、发布及实施标准的过程。

（一）标准规范建设的原则

制定我国档案信息化标准规范，要符合中国国情，符合国家信息化工作的基本方针，同时兼顾与相关国际标准和发达国家档案信息化标准的衔接，应遵循以下原则。

1. 适度超前原则

档案信息化标准是对档案信息化建设过程中出现的各种重复性事物和概念所作的统一规定，标准的对象在档案信息化建设中是随着时间的变化、技术的更新而不断变化的。因此，在档案信息化标准规范建设过程中，要考虑信息时代和网络环境的变化，要有前瞻性和预见性，能在一定程度上预测社会和技术的发展方向，并充分考虑相关标准的制定时机，坚持适度超前原则。档案信息化标准规范建设，要在有初步经验的基础上，根据现实情况并结合未来档案信息化发展状况开展相关工作。

2. 坚持开放原则

当今社会是一个开放的社会，各行业的开放程度、行业之间的交叉融合程度越来越高。在进行档案信息化标准规范建设过程中，应自始至终坚持开放原则。

（1）采纳各种开放标准

开放标准是指那些知识产权明确属于公共领域、采用开放语言和标准格式描述、有可靠的公共登记和持续的维护机制、有可靠的开放转换和扩展机制、公开发布详细技术文件并可公共获取的标准规范。在档案信息化标准规范建设过程中，首先应考虑采用开放标准，既可以避免重复劳动，又可以保证较高的标准化水平。

（2）采纳各种国际标准

国际标准是由国际标准化组织和世界各国的专家参与制定的，它含有大量科技成果和成熟的管理经验，代表着现代科学技术和生产管理水平。档案信息化建设并不是我国独有的工作，世界各国的同行们都在进行这一项工作，其中不乏一些起步较早、水平较高的档案信息化建设案例。在档案信息化标准体系建设过程中，我们应认真学习先进的国际标准，如《信息与文献——文件管理》和《开放档案信息系统参考模型》等，并根据自身的实际情况进行定制、修改及扩展，既能保证标准水平提高，又能加快我国档案信息化建设与国际接轨的速度。

（3）参照相关专业的信息化标准

"他山之石，可以攻玉。"档案工作与图书馆工作、情报工作、博物馆工作等相关专业工作存在着一定的相似性。在进行档案信息化标准体系建设过程中，应当充分吸收相关专业在信息标准建设方面的成功经验，尤其是图书馆工作在信息化标准体系建设方面较成功的经验。

（4）考虑与相关标准的兼容性

在制定本单位、本行业标准规范时，要注意处理好和国际、国内信息界相关标准规范的兼容关系，还要注意和其他相关领域，如电子政务、数字图书馆建设之间的兼容关系，特别要处理好与国际、国家、行业、区域有关标准规范之间的兼容关系，以便在档案信息系统建设后能与其他相关系统顺利衔接，资源共享。

3. 动态管理原则

档案标准化过程并非一蹴而就，而是需要在实践中不断补充、提高、扩展的。动态性原则是指要根据档案信息化建设的实践发展，对标准不断进行修订、充实和完善。档案信息化建设是一个长期的过程，在这个过程中，标准规范的对象会随着时间的变化而不断发生变化。特定的标准是根据特定的时间、特定的环境、特定的对象制定的，虽然要求标准制定者在制定标准时，要充分考虑未来的变化，但是预测与变化通常会有偏差。因此，标准制定完毕后，要根据实施情况及规范对象的变化及时进行修订。由于信息技术发展迅猛，因此，对于档案信息化方面的标准，实施 3～5 年后就要重新进行审视。对于不适应实际的标准，要及时废止；对于部分不适应的，要及时更新。标准规范的制定或修订既要针对档案信息化出现的新情况和新问题，又要尽量继承以前标准规范的条款，保持标准的稳定性，避免大起大落，以免使实践工作无所适从，陷于被动。

（二）标准规范建设的主要内容

档案信息化标准规范建设可以从管理、业务、技术和评价等层面来制定和推行。

1. 管理性标准规范

管理性标准规范是对电子档案信息资源建设和档案信息化建设、运行维护工作进行管理的一套规则，包括计算机安全法规与标准、数字档案信息资源合法性的确认等，它需要国家档案行政管理部门统一制定并推广实施，以保证电子档案信息的统一规范和资源共享。

档案信息化管理性标准规范包括两个方面。一是对人的管理性标准，主要是指对与档案信息化建设相关的人员进行管理的标准，包括档案工作人员管理标准、软件设计人员管理标准、用户管理标准、用户角色控制标准、用户权限审批标准等，明确档案工作人员的职责和任务以及用户的权利和义务，以保证档案信息化建设各项工作的正常开展。二是对物的管理性标准，主要是指对数字档案信息资源实体的全过程规范化管理以及对信息化设备，如机房、硬件、软件存储载体的规范化管理，主要规范这些资源可以给谁用、如何使用和如何保管的问题。

2. 业务性标准规范

业务性标准规范是对档案信息化及电子档案业务处理进行的规定，解决业务操作行为不统一的问题。其范围包含与档案信息化相关的术语标准；档案信息采集标准，包括数字信息资源建设所涉及的数字化加工、元数据、资源创建、描述等；信息管理标准，包括数字信息资源组织、资源互操作；信息利用标准，包括数字信息资源检索、服务；信息存储标准，包括数字信息资源长期保存等；电子档案的术语标准及管理规范，包括电子档案的基本术语、资源的标识、描述电子档案的文件格式、元数据格式、对象数据格式等，如《电子档案管理基本术语》。

国家现已颁布的标准有《CAD电子文件光盘存储、归档与档案管理要求》《电子文件归档与管理规范》，是电子文件收集、归档、整理、保管与利用的统一规范；《电子公文归档管理暂行办法》《电子档案移交与接收办法》和《公务电子邮件归档管理规则》是对电子公文、电子档案、公务电子邮件归档、管理及安全有效利用的规范。

目前，国家档案局正在组织力量制定《档案数字资源加工规范》《电子文件档案著录规则》《电子文件保管期限表》《电子文件鉴定标准》等。这些标准的制定，除了参照国家关于纸质档案的有关规定外，还参考国际档案理事会和其他国家或机构制定的相关标准。

3. 技术性标准规范

技术性标准规范是对档案信息化及电子档案管理有关技术应用进行的规定，主要解决技术应用不当而导致的质量问题。其范围包括硬件基础设施建设技术标准、软件系统工作平台技术标准、数据存储压缩格式规范、数据长期保存格式规范、数据加密算法规范、网络数据传输规范、数字水印标准等。

国家现已颁布的技术性标准规范有《纸质档案数字化技术规范》《电子文件归档光盘技术要求和应用规范》《文书类电子文件元数据方案》《版式电子文件长期保存格式需求》《基于XML的电子文件封装规范》等。

目前，国家档案局正在自主制定或联合相关部门制定的技术性标准规范有《档案信息应用系统技术标准》《档案信息数据存储、压缩格式规范》《数据加密算法规范》《数字水印标准》《电子档案存储格式与载体规范》《照片档案数字化技术规范》《电子文件元数据标准》等。

4. 评价性标准规范

评价性标准规范是对档案信息化及电子档案管理的成果和效用进行评判的指标体系，包括档案信息系统（包括数字档案室、数字档案馆、电子文件归档管理等系统）的研制、档案信息资源的开发和利用、信息安全、信息技术应用的广度和深度、信息化人才开发、信息化的组织和控制、信息化的效益等评价的标准。其中信息资源开发和利用应该是测评指标体系中的重要部分，可细化为馆（室）藏档案数字化的数量、多媒体编研成果的种类和数量、数字信息的提供利用方式、数字档案的利用频率等。

（三）标准规范的贯彻落实

标准一旦颁布生效就应当具有严肃性和权威性。为了更好地落实档案信息化标准规范，要做好以下工作。一是档案信息化标准规范的宣传教育。通过举办专题培训班，或将有关标准内容纳入档案专业培训课程，宣传有关标准规范贯彻的意义、目的、内容、要求。二是采取行政手段，加强对档案信息化标准规范的宣传贯彻力度，做好常态化督促、检查和指导工作。三是将档案信息化标准规范的执行情况纳入信息化项目的评审、鉴定、验收程序和要求中，贯标通不过，责令整改，整改通不过，项目不予通过验收。有了规范要"做规矩"。所谓"做规矩"就是要对不贯标的档案信息化建设项目敢于否定，对貌似可行的违反规范项目及时制止。从建设项目立项评估、可行性研究等前端开始，给予强有力的标准指导和贯标监管。四是档案信息化标准规范建设要与时俱进。档案行政管理部门要收集贯标工作的信息反馈，及时发现标准规范脱离实际的情况，以便在调研分析的基础上对有关标准规范进行修订。五是档案信息化标准规范的修订要倾听行业内有关领导、专家、业务骨干、计算机专业人员的意见，充分参考图书、情报、文博、电子商务、电子政务等相关标准，以便使标准规范做到向上、向下和横向兼容，确保其开放性、先进性和适用性。

第三节　档案信息化管理的创新探索

一、多载体档案统筹管理

（一）档案目录信息统筹管理

无论是电子的还是纸质的档案，无论是手工管理还是采用计算机实行自动化管理，整理、分类和编目始终都是档案工作的重要组成部分，档案目录是各级各类档案馆提供档案服务利用的基础信息，也是实现档案检索和提供档案利用的重要依据。

馆藏的传统载体档案中，手写档案目录是最常见的方式，而新归档的各类档案会形成各种机读档案目录，或以 Excel、Access、Word 的形式，或以关系型数据库格式存储的数字形式的目录信息，为了方便档案利用者，档案馆必须对已有馆藏和以后归档的所有档案的目录信息进行整合，按来源原则或信息分类方式分别进行整理、分类与合并处理，形成能够覆盖各类档案资源的目录信息，并采用档案管理信息系统对档案目录信息实行统一管理，实现目录信息的资源共享和统筹管理。要避免长期以来一些档案馆的做法：数字化档案采用管理信息系统进行管理，纸质档案采用手工翻本的方式进行检索。在档案馆实施信息化过程中，目录信息的数字化也是很重要的一项任务，不能由于工作量大、过去没有录入就让它继续成为历史遗留问题。

档案目录信息统筹管理的另外一个含义是案卷目录和卷内文件目录的关联管理，即尽可能将卷内文件目录也实行计算机化管理，并与其对应的案卷目录进行关联。当检索到案卷目录时，就可以方便地浏览其卷内文件目录，提高检索的准确度；当检索到卷内文件目录时，也能够很快地定位到它所对应的案卷目录及其所在的库房存址，以方便调卷。当然，由于档案馆人、财、物等资源的限制，档案信息化工作也是一个循序渐进的过程，不可能做到一蹴而就，因此需要根据业务工作需要的紧迫程度，首先解决重要问题。有些档案馆在信息化实施一开始，注重新接收档案的目录建设和全文管理，而将原有馆藏档案的目录和实物数字化作为二期工程来实施。实力较强的档案馆则将两项工作并行开展，以加快档案数字化处理和信息化利用的效率。无论采取哪种策略和方式，档案信息化最终的效果是将档案馆的档案全部实行信息化统筹管理，既方便档案工作者，又方便档案利用人员，更能为未来档案资源的社会化服务与信息共享奠定坚实基础。

（二）档案目录全文一体化管理

档案全文，一方面是指馆藏档案内容的数字化信息，如缩微胶片、照片、纸质档案数字化形成的静态图像文件，以及磁带、录像带等经过模数转化后形成的声音、图像等多媒体文件；另一方面是指各机构使用计算机和办公自动化系统等产生的电子文件归档后形成的数字化档案信息。这些全文信息是档案的内容实体，与档案目录信息相比较，档案全文能够提供更详细、更完整、更准确的内容和信息。

我们知道，数字化信息最大的特点是利用的方便性和检索的快捷性，档案馆花费大量的时间、人力、物力和财力开展馆藏档案数字化和接收电子文件进馆的主要目的是方便利用，对于使用频繁的历史档案而言，也起到保护档案的目的。

实行目录全文一体化管理是信息化管理中比较有效的一种方式，其工作原理是首先在档案目录中进行检索，缩小范围，然后再检索全文，以便准确定位查档目标。通常采取的方式是，将档案目录信息采取关系型数据库管理系统实行统一管理，将扫描后的图像文件和新接收的电子文件档案以文档对象或文件形式存储在文件服务器或者内容服务器上，并通过一定的访问规则将档案目录信息与这些文件对象进行关联。在检索到档案目录信息时，就可以浏览和检索全文。如果在信息系统中，还需要按照系统设定的用户对目录和全文的浏览、检索权限进行处理。

实施"目录全文关联归档"，要求档案工作者要转变传统的工作方法，从档案利用者的需求出发，分析档案被利用的范围和特点，遵循档案管理的原则和标准，对部门形成的数字化档案实行即时归档，即将"目录全文关联归档"的思想贯穿电子档案形成的全过程。档案馆的工作人员也要充分利用现代化管理手段，通过网络开展指导、鉴定、归档与管理工作，将工作重点转移到分析档案利用者的需求、开发档案资源的编研与开发、监控电子文件的形成过程，将工作模式从"被动接收"转变为"主动挑选"，将真正有价值的、值得保存的电子文件转化为未来社会需要参考和利用的档案资源。

（三）档案工作的"双轨制"

"双轨制"是指在文件形成处理、归档、保存、利用等过程中，纸质文件和电子文件二者同时存在，两种载体的文件同步随办公业务流程运转，同步进行归档、同步进入归档后的档案保管过程。

实行"双轨制"的机构，在文件进入运转程序时就以电子和纸质两种载体并存，业务人员要对同样内容的两类文件进行并行办理。由此看来，"双轨制"的核心是从文件的产生开始就以两种载体形式记录各项社会活动的信息。这些记录中有保存价值的将作为档案进入归档阶段，将纸质和电子的记录同时移交到档案馆。实行这种从头至尾的彻底双套做法是各行各业信息化应用的初级阶段，特别是在《中华人民共和国电子签名法》发布之前，电子文件的法律效力无法认可，电子文件的安全性、真实性和完整性很难得到保障。2004 年 8 月 28 日，《中华人民共和国电子签名法》经全国人大审议通过，自 2005 年 4 月 1 日起正式生效，2015 年 4 月 24 日第一次修订，2019 年 4 月 23 日第二次修订。有了法律保护，电子签名具有与手写签字或盖章同等的法律效力，电子文件与书面文书一样具有同等法律效力。从此，借助网络环境、数字签名、身份认证等技术，确保电子文件从产生、审批、流转、会签、归档等各个过程的原始、完整、有效和可读，实现无纸化办公，成为 21 世纪人们追求高效率和科学化、规范化、自动化管理的现实需求。在这种形式下，是否还需要在文件的运转过程中实行"双轨制"成为大家关注的焦点和热点问题，也是学者们研究的重点。

就网络、电子环境本身而言，尽管他们存在先天的"不安全"和"淘汰快"等缺点，但每一种新的服务器、存储器、数据资源管理系统的出现都会兼容老的版本或者出台新的数据转换或迁移方法，目的是确保原来的电子数据不失效或可读。

彻底的"双轨制"需要投入很多人力、财力、物力，在电子文件形成过程的管理上也很复杂。因此，很多单位采取了"双套归档"的做法，一种是将办公自动化系统中属于归档范围的电子文件在归档前，制作纸质拷贝，归档时将二者同时移交到档案馆；另外一种则是对纸质的文件进行数字化扫描和文字识别处理，形成纸质档案的电子拷贝。这样，保存的电子文件可以方便网络化利用，纸质文件则主要用作永久保存，有些单位则采用缩微技术，实现档案的缩微化保存。这些做法不可避免地会增加档案馆接收档案和管理档案的复杂性，提高档案管理和保存的成本，但这依然是 21 世纪档案工作的主流方式。随着时间的推移，档案馆保存的纸质档案和电子档案的比例将会逐渐发生变化，但纸质档案将会在相当长的一段时间内成为馆藏的主要成分。

二、档案资源多元化利用

（一）档案资源的社会化利用

1. 档案资源的共享化利用

社会信息化使档案信息资源面临着一个全新的生存环境与发展空间。档案应该记载"人类生活的方方面面"，档案工作者要"创造一个反映普通百姓生活喜好、需求的全新的文献材料世界"，档案馆藏是反映"人类生活的广阔领地"。因此，档案资源唯有回归社会，得到最大限度的利用，才能体现档案保管的价值和作用。事实告诉我们，实现档案信息资源的集成化管理和共享化利用是档案贴近公众、服务社会的最佳解决方案。

要实现档案信息资源的共享化利用，必须在档案基础数据库的建设上下功夫。因此，研究档案基础数据库的元数据标准集、数字化档案信息的格式规范以及档案基础数据库的建设思路和方法、各类结构化和非结构化档案数据的组织、存储和检索利用的关键技术、整合方案、提供检索服务和共享利用的有效机制等，将成为当前档案馆信息化建设重要的基础性工作。

2. 档案信息服务机制变革

随着全国各行各业信息化进程的加快，档案馆信息化应用也逐渐走向更广、更深的领域。档案信息服务不再拘泥于传统的、单一的方式，将会有所创新，趋向多元化发展。

（1）服务方式由被动向主动转变

要改变传统的被动服务方式，积极主动地开展档案信息服务。长期以来，在档案信息利用上，总是遵循一种传统的服务方式——"等客上门"。这实质上与信息社会的发展极不协调，不利于档案信息价值的体现与发挥，封闭了档案信息表现价值的众多途径。而档案信息服务方式也必须考虑到档案的特性，"送货上门"也是不行的，不符合《中华人民共和国档案法》的基本要求。档案信息的主动服务方式应该是"请客入门"。

（2）服务手段由传统型向现代化转变

信息技术、数据库技术以及多媒体技术的发展使得档案信息服务手段发生了巨大的转变。借鉴相关学科数字化发展的研究成果，实现档案管理现代化应借助于数字化综合管理信息系统，把分散于不同载体、不同地理位置的档案信息资源以数字化的形式储存，以基于对象管理的模式管理，以网络化的方式互相连接，从而提供及时利用，实现档案信息资源共享。我国是发展中国家，经济和技术条件的制约决定了档案管理手段转变的长期性，传统的档案馆信息服务技术与服务手段得到一定程度上的扬弃，将以新的信息传播循环方式提供档案信息服务。

（3）服务内容由单一型向多元化发展

通过网络等信息技术与其他档案馆、信息机构及整个社会信息资源建立起紧密的联系。其信息服务将增加新的内容，诸如档案信息资源网络化组织管理、档案信息资源的网络导航、档案信息的数字化开发与提供利用、档案用户的教育培训等。例如，在档案利用者的教育培训方面，就要在对利用者进行传统档案检索和获取方式的培训基础上，重点帮助利用者学会如何利用数字化的信息资源、如何选择档案信息数据库、如何从网上获取所需的档案信息、如何操作远程通信软件等。档案信息组织方式、检索方式、采集方式，较之其他类型的文献信息来说，具有复杂多样、技术含量高、对利用者信息能力要求高等特点，而我国熟练使用档案信息的人很少，所以对档案利用者的信息检索能力、信息获取能力、信息筛选能力、信息识别能力的培养是档案信息服务的一项重要内容。

（4）档案资源由封闭向开放转变

在网络环境下，档案馆信息服务资源已不再仅仅局限于馆藏档案信息量等指标，而是着眼于档案馆获取档案信息、提供档案信息的能力。所以，档案馆在充分开发利用本馆馆藏档案信息外，还必须通过网络检索利用其他档案馆馆藏信息和网上信息资源。建立档案信息资源的现代化管理系统，将档案信息纳入计算机网络，从而达到最快捷的信息资源利用效果。通过网络等信息技术实现档案信息价值的最大化，并最终取得档案信息服务于社会的最佳效果。这需要一个过程，从单机操作到建立档案管理信息系统网络、连接有关信息机构网站，最终并入国际互联网。从我国现实情况来看，这将经历一个长远的过程，然而这必将是档案馆信息服务发展的终极目标。

（5）档案资源由单一型向多类型转变

档案馆提供的单一信息服务的资源是以收藏纸质档案为主要内容。在网络环境下，档案馆综合信息服务模式的服务资源则要朝着多种载体形式并存的方向发展，包括各种电子文件、光盘、多媒体、缩微载体和声像载体等，尤其要增加数字化馆藏资源的建设。网络环境下的数字档案馆所拥有的完整的馆藏含义应该是"物理实体馆藏＋数字化馆藏"。

我国档案馆在档案信息数据库建设方面的任务是在保留传统档案文献的同时，应通过协作与协调，在一定程度上对馆藏资源进行数字化，注意将各馆具有独特价值的馆藏文献数字化，制成光盘或上网传播，使各馆网上信息独具特色，并在此基础上形成一个档案信息网络。

（二）馆藏档案数字化应用

为适应公众网络化查档和档案信息化管理的多元化需求，馆藏档案数字化应用系统的建设已成为现代档案管理的一项重要内容，对档案工作者而言，这也是一项全新的任务，需要在充分认识到馆藏数字化重要性和必要性的基础上，采取有效的策略和方法，开展馆藏档案数字化系统的建设和有效使用。

1.做好馆藏档案数字化的前期基础工作

需要对哪些档案进行数字化，采取什么方法来开展，数字化加工需要购买哪些设备，除此之外还需要做哪些准备工作以及如何做等，都是馆藏数字化的前期基础性准备工作。

（1）做好可行性论证

要根据档案利用的需要、资金情况、馆内人员知识结构、馆内软硬件平台、馆内信息化应用现状等基本状况，在充分了解和认识馆藏档案数字化系统建设的复杂程度和技术要求之后，做好馆藏数字化系统建设的可行性论证工作，确保系统建设自始至终不被中断，确保数字化后的档案信息能够真正被使用起来，并见到实效。

（2）选择数字化加工方式

数字化是保管档案过程中所做的一项技术性较强的现代化处理工作，这对习惯了传统管理工作的档案工作人员来说，具有较大的难度。因此，需要提前做好规划，明确系统建设的实施方案。主要包括馆藏档案数字化系统分几个阶段完成，每个阶段的任务和目标是什么，应对哪些档案做数字化加工和处理，数字化加工处理过程中的安全控制、进度控制、质量控制和成本控制等应采取的方法与策略是什么，数字化后的档案信息如何与现有的计算机信息系统实现集成，如何发布档案信息以提供利用，如何解决备份和长久保存等问题，这些都需要提前做好解决方案，并在档案工作人员和数字化加工协作人员之间达成共识后，才能开始工作。边加工边讨论的方式只会导致工期拖长，见效缓慢，安全性保障难，甚至导致项目失败。

（3）筹备和落实资金

数字化加工的任务单靠档案馆的人力很难完成，往往需要采取商业化的运行模式或外协加工。另外，加工完成后，还需要购买网络化存储设备提供档案信息服务与利用，需要购买各种存储介质进行数据备份，而且数字化加工过程还需要购买保障安全的监控设施和扫描设备，系统实施后还需要聘用系统管理和数据管理人员开展大量运行与维护工作。建立馆藏档案数字化系统需要的资金大概包括以下几个部分：①扫描并且进行全文数字化加工的费用；②数据发布系统的购买费用，包括全文检索、模糊检索、多分类系统、图文关联、元数据编辑器等功能；③购买服务器的花费；④进行馆内人员培训、引进网络管理员和系统管理员等都需要资金。因此，在进行馆藏档案数字化之前，应在资金准备上给予充分重视。

2. 确定数字化加工的协作模式

档案内容数字化工作包括数字化预加工和深加工两步。预加工能够将纸质档案、照片档案、缩微胶片等转变为电子图像文件，而不能将纸质档案上的文字信息进行完全处理；深加工则是利用技术含量较高的 OCR 和语音识别等处理技术获取载体档案中的文字信息，以利于提供全文检索。

3. 保障数字化档案信息的真实性

在馆藏档案数字化过程中，数字化档案信息的真实性、完整性保障主要体现在档案实体的扫描加工和档案目录的数字化两个方面。

（1）扫描加工过程中的真实性保障

馆藏数字化档案信息在其形成、管理和提供利用的过程中，制定保障档案信息真实性的规章制度是非常重要的，各个阶段的安全保障侧重点不完全相同。

（2）数字化档案目录信息的真实性保障

数字化档案目录信息一般都存储在数据库文件中，它的安全性主要取决于数据库管理系统自身的管理能力，它的真实性主要取决于档案管理员"依法管档"的严格程度。这一部分数据是管理人员根据档案原件提取出来的、用来描述档案原件核心内容的元数据信息（也可能是电子文件自动归档过程中通过预先设定的规则自动生成的、描述文件属性的元数据信息），但这一部分信息并不像档案原件那样具有凭证性作用，它只是为了方便管理和快速检索而形成的，并且在以后的管理过程中某些信息可能会发生改变。

4.加强数字化档案信息的整合与集成

　　馆藏档案数字化和电子文件归档后，产生了大量的数字化档案信息，如果只将其刻录于光盘或存储在磁盘中，不提供系统化的档案利用服务，是错误的和无意义的，也不是馆藏档案数字化的真正目的所在。一些档案馆在开展数字化之前就使用了档案管理信息系统来管理档案的目录信息，并在馆内提供档案目录信息的检索服务，也有一些档案馆在开展数字化的同时也建立起了电子文件归档系统，收集电子文件并整理其目录信息，还有一些是将馆藏档案数字化作为档案信息化的启动工程。但无论是哪种情况，都需要处理好当前档案馆面临的电子文件归档、馆藏档案数字化和对传统载体档案管理的业务关系，将这三项主要工作形成的数字化档案目录信息和档案内容对象实行同步管理，对于电子档案有纸质备份的或纸质档案有数字化拷贝的，都需要做关联处理，做到同一档案内容的一致性管理。否则，在档案馆分别建立电子文件管理系统、馆藏档案数字化管理系统、纸质档案管理系统，必然会造成系统间数据重复，甚至不一致，从而增加管理的复杂程度。

5.保障数字化档案信息的存储安全

　　数字化档案信息的安全管理是档案信息化应用的前提条件。档案安全管理的重要性是由档案本身和档案管理的性质决定的，档案信息化建设必须充分考虑电子环境、应用系统和档案数据存储等方面的安全问题，要正确处理方便、高效使用与安全管理的关系，不能因过分考虑安全而限制了档案信息的网络化传输与使用，这样将大大降低网络化应用系统的使用价值。对于数字化档案的网络化存储系统，一方面要求使用带自动备份功能的专用服务器和数据库管理系统，能够配置备份作业计划并安全执行，如光盘库、磁盘阵列、专用网络存储设备等，对备份信息能够实现数据的迁移和方便的恢复；另一方面也应同时使用安全介质备份，定期刻录（复制）备份信息，实行异地保管。

6.提供数字化档案信息的方便利用

　　馆藏档案数字化的一个根本目的是方便利用，如果将数字化后的图像刻录成光盘存放在库房中，与纸质档案采用同样的管理方式，那么数字化的效果就很难体现出来。只有真正将档案的数字信息放在网络环境中，提供网络化的高效服务，才能确保投资有收益。

第四节 新媒体与档案信息服务的结合路径

新媒体传播带来的变化使得越来越多的档案管理者意识到新媒体传播对于档案的意义，并以此进行了档案利用服务模式及理念的改变与创新。要将新媒体传播特性对档案用户行为的影响作为切入点，根据科学的定量研究，通过设计调查问卷、构建模型以及对数据的分析，在基于模型中相关变量的因果关系进行充分验证的基础上，在新媒体传播的大环境下，应当坚持"档为民用"的思想，基于所构建的模型，从档案服务的理念创新、档案服务的方式创新和档案服务的技术创新三方面探讨档案服务创新路径。

一、档案服务的理念创新

在新媒体环境下，档案用户获取信息资源的主动性变强，以档案用户需求为中心的档案服务理念逐渐被接受。档案服务创新的首要任务是转变档案服务理念。近年来，我国档案服务从服务方式、服务能力以及服务态度上都有了很大的提高，2020年新修订的《中华人民共和国档案法》第二十八条规定："档案馆应当通过其网站或其他方式定期公布开放档案的目录，不断完善利用规则，创新服务形式，强化服务功能，提高服务水平，积极为档案的利用创造条件，简化手续，提供便利。"档案服务质量虽得到了很大的提升，但从档案用户、档案利用者的角度来看，新兴技术和信息化的发展对信息服务的方式手段提出了新的要求。目前，我国档案服务与档案用户所希望的超越时间与空间的服务还有很大的进步空间，下面基于新媒体传播的特性从档案管理者的角度分析并提出改善与提高档案服务的方法。档案用户服务的理念创新主要从推动档案服务的交互理念转变和坚持以创新驱动落实档案用户整合与共享理念两方面进行。

（一）推动档案服务的交互理念转变

目前，信息技术的快速发展使得我国档案馆已基本具备较为先进的硬件设备，档案的管理手段也呈现出自动化趋势。现代化的管理理念不仅意味着手段的自动化、业务的标准化，还意味着管理思想的现代化。在新媒体环境下，档案用户服务必须打破传统的档案用户服务思维模式，封闭与半封闭的档案用户服务方式显然已经不适用于当今时代。档案服务不被大众所熟悉的主要原因是它未能调动档案用户利用档案的积极性。

可以发现，新媒体传播感知有用性和互动性与用户感知价值具有较强的相关性。通过回归分析，可以证明档案用户感知价值与感知新媒体平台有用性、互动性之间具有线性关系，因此，档案用户对与档案信息的互动需求是现实存在的，而档案机构与档案管理者需要发现、引导档案用户变化的信息查阅行为。在档案服务中，应顺应档案服务的现实变化，推动档案服务的交互理念转变。

（二）坚持以创新驱动落实档案用户整合与共享理念

随着技术的发展，档案用户无论是使用新媒体平台搜索档案信息资源，还是使用相关的数字档案馆搜寻档案信息，各种方便快捷的信息检索工具及检索手段使得档案用户在利用档案信息资源过程中极大地发挥了其主观能动性，而这种行为的本身也提高了档案信息资源利用的效率和检索的准确率。因此，这对档案管理者提出了更高的要求，落实档案用户整合和共享理念的目的在于通过即时、在线的咨询更为精准化地推送服务。从新媒体传播特性对档案用户行为的影响中可以看出，新媒体感知互动性与用户感知价值具有很强的相关性。因此，在新媒体大环境下，属于信息服务行业的档案行业，应通过落实档案用户整合和共享理念，推动档案服务不断以用户为中心。档案信息资源数字化是档案服务信息时代的主要体现。档案用户由于本身的档案需求不同，获取档案信息资源的渠道也不同，但在新媒体环境下，档案机构和档案管理者应积极地对新媒体平台加以利用，通过档案用户整合与共享理念在实际中的运用，进一步了解档案用户的信息行为，有利于提高档案服务水平。

二、档案服务的方式创新

档案用户行为模型的构建以具有网络特质的 AISAS 模型（一种消费者行为分析模型）和技术接受模型为基础。而含有网络特质的 AISAS 模型，表明了新媒体时代下搜索和分享的重要性，因此向档案用户单向信息灌输的方式显然已不适用于当今社会。档案用户在利用档案的全过程中产生的情感、意志直接影响其行为。随着信息技术的发展，用户感知愉悦性因素也逐渐被加入理论模型中。

因此，在新媒体传播的影响下，档案服务既需要满足档案用户的有用性、易用性需求，还需要注意通过互动让档案用户在接受服务的过程中产生愉悦感，进而从方式上创新档案服务。

（一）注重以需求为导向开展个性化服务

档案的本质特性是原始记录性。档案作为信息的承载者，从档案服务角度来看，了解用户需求并且满足其需求是十分重要的。需求是由不足感和求足感共同决定的。提升档案服务应通过个性化服务提供更有针对性的服务。档案用户为了解决实际问题，对信息的内容和服务产生了期待，表现为对信息的不足感与求足感。

在新媒体时代，档案用户的档案意识和自主能动性都有了很大的进步，其需求也呈现出多元化的趋势，这种多元化体现在档案需求主体的多元化、档案内容需求的多元化以及档案服务方式需求的多元化。与以往侧重档案管理不同，现在的档案工作更多侧重于档案利用服务，这一转变意味着档案管理的业务工作需要始终坚持现实或长远的档案利用服务，根据公众利用需求来组织调整档案工作，档案服务必将受到现代服务行政理念中以用户需求为导向的影响，这种进步的公共服务理念能够表现并且内化在档案人员提供服务的行为中。为满足利用者的不同需要和不同利用者的需要，要通过分析看出新媒体传播互动性与档案用户感知价值之间具有的线性关系，对档案用户行为影响较大，因此，在档案服务方式创新中应坚持以需求为导向，注重个性化服务。

（二）注重档案用户新媒体工具与平台的选择

档案用户感知风险越高，其档案利用行为越消极。在新媒体传播的影响下，在档案用户信息查询行为和信息利用行为全过程中，档案信息出现的新媒体平台和平台可信性之间程度如何与档案用户感知风险具有线性关系。选择可信性高、信誉度强的新媒体工具与平台能够积极影响档案用户在利用档案全过程中产生的情感。在档案用户服务的方式创新中注重档案用户对新媒体工具与平台的选择符合档案用户求尊、求全、求准的行为心理。由于档案用户在特定的利用环境中有着特定的心理活动，在利用档案的过程中还会出现如怀疑、轻视、急躁等障碍心理，同时在新媒体环境下，还需要从用户体验和从众心理来引导档案用户的行为。在档案管理与服务的实践中，运用档案信息技术，构建利用服务新平台必定能够正向积极地影响档案用户。

（三）培育档案用户获取档案信息的能力

由于档案用户利用档案信息资源的目的不同，档案用户的需求内容也不同，所以档案用户类型及特征是不固定的，但从整体层面来看，档案用户的需求均呈现出无限性、层次性、多样性、伸缩性以及可诱导性的特征。在科学传播理论中的欠缺模型，旨在说明如果公众对某项科学活动不支持，可能是因为对相关知识不够了解。档案用户感知风险与感知可信性、依赖性之间具有线性关系，因此，在新媒体时代，档案用户服务体系还应注意培育档案用户获取档案信息的能力，利用新媒体平台，积极传播档案信息内容。常与档案或档案机构接触的档案用户在利用档案过程中往往表现得更为自在和从容，而很少接触档案的档案用户在利用档案的过程中，其往往表现出畏惧心理；对档案馆藏及档案信息资源熟悉的档案用户更容易表现出方便易用的心理，而缺乏档案获取能力的档案用户则更易表现出焦虑、需求依赖、求助的心理。

三、档案服务的技术创新

随着科学技术的发展，档案机构逐渐将网络技术应用于档案服务工作中，并开展了档案检索目录体系和档案远程服务等，档案机构应基于网络平台积极探索档案在线提供利用服务的方法，不断完善档案数据库的数据采集，以便为档案用户提供更好的体验，这能够提高档案用户的依赖性。

（一）完善档案用户的支持系统及信息库

提高档案透明度，完善档案用户的支持系统及信息是十分重要的。如今网站系统信息内容之间的连接更为紧密，系统及信息库建立的信息之间能够相互交织、相互关联。档案用户感知风险与感知新媒体平台依赖性之间具有线性关系，根据模型结果分析可知，档案用户对新媒体传播的档案信息感知风险越高，其心理行为特征越消极。在新媒体时代，为了降低档案用户感知风险，越来越多的档案机构开办了官方微信公众号，更为立体化的档案信息网络系统和信息库的建立意味着能够将网站中海量的档案信息编制成有机的整体，对档案用户而言就能够更为便利地搜寻所需的档案信息。档案用户服务应着重在档案目录检索和档案数据库两方面进行完善和创新，使档案用户在检索过程中能够切实地感受到检索方便、速度提升以及更高的检全率和检准率。感知可信性与档案用户感知风险具有负相关性，借助可信性高的新媒体平台、完善相关的支持系统和信息库，不仅能够促使已经或正在利用档案信息的现实档案用户更有黏性，还能够利用档案用户需求的可诱导性吸引虽有档案利用需求，但由于自身条件限制与其他外在因素的影响还未显示档案利用需求的潜在档案用户。档案馆每天能够接待的档案利用者数量有限，但网上利用者却可以不受时间、空间的限制随时查询档案信息，新技术的发展必定会带来服务方式的转变，向虚拟方式转变的档案信息服务需要以不断完善发展的网站建设为支撑。

（二）完善档案用户分级管理体系

在新媒体环境下，通过利用新媒体优势，能够吸引成倍增长的档案用户，档案用户产生了查询动机，继而发生档案查阅行为，为了增加档案用户黏性，档案用户服务体系应更注重服务的特色，积极完善大数据环境下系统性、人性化的档案用户分级管理体系，对实现档案价值、满足公众的信息需求具有重要作用。档案用户对新媒体传播的档案信息感知价值越高，越易形成档案用户查阅利用行为，正向影响档案用户行为。坚持网站优化思维，可通过构建完善的档案用户分级管理体系来实现。其能够更有效地向档案用户传递档案信息，最大限度地发挥网络传播的价值，集中提供系统、可靠、有针对性的档案信息内容服务。

（三）构建档案数据资源共享空间

只有构建档案数据资源共享空间，才能更好地推动档案数据资源共享服务。档案用户查询档案信息资源时，感知互动性与感知价值的皮尔逊相关系数为0.654，新媒体传播互动性与档案用户感知价值具有强相关性。我国各级综合档案馆馆藏档案的主体主要是党政机关、国有企事业单位等机构的档案，社会公众可根据自身的需求查询利用公共档案信息资源，这是由具有公共事业属性的档案馆的公共性和共享性决定的。利用网络与信息技术实现档案的共享是档案开放利用的目的。从技术实践层面来看，构建档案数据资源共享空间，以此推动档案数据资源的共享服务需要相关技术的支持，开放档案计划（QAI）提出的开放获取元数据搜索协议为开放获取档案的实施提供了技术支持。

参考文献

[1] 刘祎 . 档案管理 [M]. 长春：吉林人民出版社，2018.

[2] 毛雯 . 档案管理工作研究 [M]. 北京：中国原子能出版社，2018.

[3] 潘潇璇 . 档案管理理论研究 [M]. 延吉：延边大学出版社，2018.

[4] 胡燕，王芹，徐继铭 . 文书档案管理基础 [M]. 上海：世界图书出版公司，2018.

[5] 张林静 . 房地产档案管理实务 [M]. 延吉：延边大学出版社，2018.

[6] 高海涛，李艳，宋夏南 . 档案管理与资源开发利用 [M]. 北京：北京日报出版社，2018.

[7] 赵旭 . 档案管理现状的研究与分析 [M]. 天津：天津科学技术出版社，2018.

[8] 刘亚静 . 档案管理信息化与自动化探索 [M]. 天津：天津科学技术出版社，2018.

[9] 刘思洋，赵子叶 . 文书管理学与档案管理 [M]. 长春：吉林科学技术出版社，2019.

[10] 周璐，王媛 . 声像档案管理实务 [M]. 昆明：云南科技出版社，2020.

[11] 李蕙名，王永莲，莫求 . 档案保护学与科技档案管理工作 [M]. 沈阳：辽宁大学出版社，2020.

[12] 汪媛媛，王思齐，陈乐 . 新时期医院档案管理与发展研究 [M]. 秦皇岛：燕山大学出版社，2020.

[13] 张鹏，宁柠，姜淑霞 . 图书馆信息化建设理论与档案管理实践 [M]. 长春：吉林人民出版社，2020.

[14] 张杰 . 信息时代下档案管理工作创新研究 [M]. 长春：吉林大学出版社，2020.

[15] 谭萍 . 基于大数据环境下创新型档案管理与服务研究 [M]. 长春：吉林人

民出版社，2020.

[16] 周杰，李笃，张淼．文书工作与档案管理 [M]．延吉：延边大学出版社，2021.

[17] 赵丽颖，芦利萍，张晨燕．档案管理实务与资料整理 [M]．长春：吉林人民出版社，2021.

[18] 赵吉文，李斌，朱瑞萍．数字图书馆建设与档案管理 [M]．汕头：汕头大学出版社，2021.

[19] 杨玲花．现代档案管理工作与保存策略研究 [M]．北京：中国纺织出版社，2021.

[20] 郝飞，袁帅，李伟媛．现代档案管理与实践应用研究 [M]．长春：吉林人民出版社，2021.

[21] 周铭，侯明昌．图书情报与档案管理学科基础教学案例集 [M]．昆明：云南科技出版社，2022.

[22] 周彩霞，曹慧莲．档案管理信息化建设理论与实践探索 [M]．北京：北京工业大学出版社，2021.

[23] 胡元潮．档案管理理论与实践——浙江省基层档案工作者论文集（2021）[M]．杭州：浙江工商大学出版社，2021.

[24] 潘美恩，廖思兰，黄洁梅．医院档案管理与实务 [M]．长春：吉林科学技术出版社，2022.

[25] 宋晓芬，李思思，刘妍．人力资源与档案管理 [M]．哈尔滨：北方文艺出版社，2022.

[26] 王晓琴，芦静，任丽丽．档案管理基础理论与实践研究 [M]．长春：吉林科学技术出版社，2022.

[27] 李平，张旭芳，陈家欣．数字化档案管理与图书馆资源建设 [M]．长春：吉林人民出版社，2022.

[28] 王玉玲．新时期档案管理与开发利用研究 [M]．长春：吉林出版集团股份有限公司，2022.

[29] 张丽．图书信息存储与档案管理信息化 [M]．长春：吉林出版集团股份有限公司，2022.

[30] 卢捷婷，岑桃，邓丽欢．互联网时代下档案管理与应用开发研究 [M]．北

京：北京工业大学出版社，2022.

[31] 毕然，严梓侃，谭小勤 . 信息化时代企业档案管理创新性研究 [M]. 北京：新华出版社，2022.

[32] 郭虹 . 城建档案管理与信息安全保障体系研究 [M]. 银川：宁夏人民出版社，2023.

[33] 赵梅，白子滢，任华 . 现代档案信息化管理与建设研究 [M]. 秦皇岛：燕山大学出版社，2023.